米澤泉

# 小泉今日子と岡崎京子

幻冬舎

# はじめに――かつて望んだ未来にあなたは今立っているだろうか

小泉今日子と聞いてあなたは何を思い浮かべるだろうか。キョンキョン、１９８０年代を代表するアイドル、歌手、俳優、エッセイスト、アーティスト、プロデューサー……その肩書きは多岐にわたり、人々が思い描くイメージはさまざまだろう。

80年代にデビューしてから40年以上もの間、小泉今日子はアイドルを出発点に多種多様な活動を行ってきた。それは松田聖子が永遠のアイドルとして変わらずに歌手活動を中心に据えているのとは対照的である。松田聖子はアイドルでありながら、結婚も出産も行い、欲しいものをすべて手に入れたとして、女性たちの憧れの的となった。仕事も夫も子どもも美貌も……欲望に忠実な松田聖子の生き方は80年代以降の女性たちの理想のライフコースとなり、数々の松田聖子論を生み出すこととなった。

一方、小泉今日子はどうだろうか。結婚はしたけれど母にはなっていない。現在は独身である。松田聖子のように「すべて」を手に入れたわけではないが、手に入れていないからこそ、逆に女性たちに支持されている。30代から40代にかけて、小泉今日子は、妻や母という役割にとらわれない「大人女子」を謳うファッション誌のイメージモデルであった。結婚や出産以外の、妻や母になること以外の生き方を示すことで、自分の足で立ち自由に生きる女性という新たな「オトナのオンナ」モデル――妻、母以外の新しいライフコースを見えるかたちで具現化したのだ。

　現在、50代後半となった小泉今日子は、加齢に対する新しい価値観を提唱する「Aging Gracefully（エイジンググレイスフリー）」プロジェクトのアンバサダーを務めるなど、「老後」にまつわるネガティブなイメージを払拭《ふっしょく》すべく活動すると同時に、女性の生き方やフェミニズムに関する発言も積極的に行っている。

　このように、小泉今日子は女性たちに長年支持され、その生き方に影響を与えているにもかかわらず、彼女自身の生き様をクローズアップされたり、女性のライフコースという視点で語られたりすることがほとんどなかった。

　それは、アイドル時代からの「型破り」というポジションのせいでもあるだろうし、松田聖子のように華々しくライフイベントを世間に公言し、妻イメージを植え付けなかったことも関係しているだろう。しかし、その生き様を知れば知るほど、小泉今日子ほど「女性が生きていく」ことと真剣に対峙し、世の中に向かって声を上げてきた元アイドルはいないのである。

　そこで本書は、今まであまり語られることのなかった小泉今日子の生き様に焦点を当てる。型破りのアイドルから「大人女子」を経て、自称フェミニストを名乗るまで。妻、母役割にとらわれない新たな「オトナのオンナ」のモデルはいかにして形作られていったのか。

　その原点に立ち返るために、本書ではもう一人の「キョウコ」にもご登場願う。それはマンガ家の岡崎京子である。岡崎京子は、80年代から90年代の前半にかけて『東京ガールズブラボー』『リバーズ・エッジ』『ヘルタースケルター』など時代精神を浮き彫りにする作品を次々と発表し、「岡崎京子は不滅である」（『文学界』２０１８年3月号）といった高い評価を得ている。

　しかし、岡崎の評価すべき点はそれだけでない。従来の少女マンガという枠組みを逸脱した岡崎は、80年代から作品を通して新たな大人の女性の生き方、ライフコースを模索していた。常に「一人の女の子の落ちかた」を描くことで、新たな「オトナのオンナ」のモデルとはどのようなものか、女性が自由に生きるにはどうすればいいのかを考え続けていたのである。

ただ残念なことに、岡崎は不慮の事故により、90年代半ば以降新たな作品を発表することができなくなってしまった。種は蒔《ま》いたけれども、その花を自らの手で咲かすことはできなかった。

そこに現われたのが小泉今日子である。結論を先取りするならば、20世紀末に岡崎が蒔いた種を21世紀になって小泉が開花させたのではないか、というのが本書の見立てである。型破りのアイドルと少女マンガを超えたマンガ家。この二人にどんな関係があるのか、どのように結びつくのか。アイドル界とマンガ界、それぞれの世界に風穴を開けた二人のキョウコを軸に、80年代から現在までの女性たちの生き方をたどってみたい。

この間に女性たちは、どれぐらい自由になったのか。生き方の可能性を広げられたのか。そしてあなた自身は、少女の頃思い描いたように生きているだろうか。かつて望んだ未来にあなたは今立っているだろうか。

小泉今日子と岡崎京子――二人のキョウコとともにその答えを探してほしい。

# 小泉今日子と岡崎京子　目次

## 第5章　よりよく生きよ――小泉今日子の現在地　167

＊本文内の引用における出典の記載は、書籍の場合、（著者名・書名・刊行年・該当ページ）を基本とし、適宜省略している。

# 第1章

# 「理想の彼女」からの自由

## ——小泉今日子論

# ものを言うアイドル——カリアゲとKYON$^2$

小泉今日子は松田聖子、中森明菜とともに１９８０年代を代表するアイドルだった。正統派アイドルを演じ続け、揺るぎない座を獲得した「ぶりっ子」聖子。それに対抗し、アンニュイな不良少女路線を極めた明菜。

その対抗軸を無効化するかのように現われた「なんてったってアイドル」小泉今日子は、カリアゲショートに最新のファッションを身に纏《まと》い、アイドルのイメージを一新した。

タイプの違いはあれ、それまでのアイドルは、男性にとっての「理想の彼女」でなければならなかった。だからぶりっ子と言われようがツッパリと言われようが、「かわいらしさ」「女らしさ」「儚さ」を醸し出し、男性に「守ってあげたい」と思わせる存在であろうとした。

しかし、「キョンキョン」の愛称で親しまれた小泉今日子は、違った。ファッション、言動、パフォーマンス、そのすべてにおいて、従来のアイドルの規範にとらわれず、コイズミ流を貫き通したことで、結果的に男性よりも女性に支持されるアイドルとなったのだ。年齢を重ね、俳優へと活躍の場を広げた後も、自分の言葉を大切にし、自由に生きる姿が女性たちの心を摑み、しだいにロールモデル的なポジションを獲得するようになる。

50代後半となった現在も、加齢に対する新しい価値観を提唱する「エイジンググレイスフリー」プロジェクトのアンバサダーに就任するなど、その生き方が注目されている。小泉今日子の何が女性たちを惹きつけるのか。小泉今日子という存在が女性たちの生き方にどのような影響を与えてきたのか。デビュー以来の軌跡をたどることから始めよう。

小泉今日子は、「花の82年組」の一人である。中森明菜を筆頭に、早見優、石川秀美、松本伊代、堀ちえみと人気アイドルを多数輩出した１９８２年にデビューした。とはいえ、小泉今日子は当初からその中で際立っていたわけではない。抜群の歌唱力とアンニュイな雰囲気で抜きん出ていた中森明菜をはじめ、バイリンガルな帰国子女の早見優、健康的な「秀樹の妹」石川秀美、「田原俊彦の妹」松本伊代と、同期には実力や話題性を兼ね備えたライバルがひしめいていた。デビュー当時の小泉今日子は可もなく不可もない、これといって特徴のない「正統派アイドル」という位置づけだった。

確かにデビュー曲の「私の16才」は、森まどかというアイドルが1979年にリリースした「ねえ・ねえ・ねえ」のカバー曲であったし、髪型も、当時のアイドルが雛形としていた「聖子ちゃんカット」を踏襲していた。つまり、「微笑少女《びしょうじょ》。君の笑顔が好きだ」というデビュー時のキャッチフレーズ通りに、笑顔がかわいい「理想の彼女」としてお約束のアイドルを演じることが求められていたのだ。16歳の小泉今日子は、いきなりそれに反発することもなく、しばらくは様子を見るかのように「正統派アイドル」の枠内に留まっていた。「素敵なラブリーボーイ」「ひとり街角」「春風の誘惑」と立て続けに新曲をリリースし、ほどほどの人気を得ながらも、今ひとつ自分らしさを表現できずにいたようだ。

そんな小泉今日子が劇的に変化したのは、髪をショートカットにした5枚目のシングル「まっ赤な女の子」以降である。デビューして1年。この辺りでイメージチェンジし、勝負をかけるべきと事務所も判断したのだろうが、何よりも本人の意志がそれを後押しした。

**小泉**　事務所には一応、「今から髪を切ってきます」とは言ったんですけどね。「どのくらい?」「わりと短く」って言っておいて、帰ってきたら皆がびっくり(笑)。「えー、だって切るって言ってたじゃん!」と、確信犯的に。

(『小泉放談』254)

いきなりのカリアゲショート。それは、当時「最先端」とされたおしゃれなヘアスタイルだった。80年代前半にブームとなった個性的なDC（デザイナーズ&キャラクターズの略）ブランドの服にもぴったりのジェンダーレスな髪型は、もちろんそれまでのアイドルにはあり得ないアヴァンギャルドなものだった。イメージチェンジと言っても選択肢はいろいろあったはずだが、敢えてカリアゲショートを選んだ理由を小泉自身は次のように述べている。

**小泉**　当時憧れていたモデルさんたちもアーティストも、皆ショートカットでかわいいのに、「アイドル界、遅れてる！」って気持ちに、すごくなっていて。まぁ、自分でも勝手に固定観念に縛られて、「こういう髪型でないとダメなんだろうな」と思っていたんですが、1年くらいやってみて「いや、そうじゃないんじゃないか？」と。

（『小泉放談』254）

小泉が言うように、当時のアイドル界は非常に「遅れて」いた。髪型だけでなく、アイドルの衣装と最新のファッションの間には深淵が横たわっていたのである。現在のように、アイドルがファッション誌の表紙モデルになることなど考えられない時代だった。アイドルが表紙を飾るのは『明星』か『平凡』などの芸能雑誌、せいぜい週刊誌と言ったところだろうか。

しかし、小泉今日子は、髪を切ったことでその溝を一気に跳び越えた。遅れているアイドルから進んでいるアイドルへ。カリアゲショートが、彼女をスターダムにのし上げたのだ。当時、ティーンの間で絶大な人気を誇っていたマガジンハウスのファッション誌『Olive（オリーブ）』でも小泉今日子は「おしゃれアイドル」として活躍するようになった（第3章参照）。

80年代半ばの『オリーブ』はパリの高校生「リセエンヌ」のスタイルをコンセプトにしつつも、アツキオオニシやビバユー、パーソンズといったＤＣブランドを紹介するファッション誌であったが、メイン読者である女子中高生のために、年に2回はアイドルを大々的に特集していた。と言ってもおしゃれな『オリーブ』が取り上げるのだから、ただのアイドル特集ではない。アイドルに最新のＤＣブランドを着せて、オリーブっぽく仕立てるという趣向である。しかし、もともと「遅れて」いた当時のアイドルたちは、なかなかオリーブのモデルのように最新ファッションを着こなすことができず、登場する人気アイドルたちは服を着せられている感が拭えなかった。そんな中で唯一、ＤＣブランドを難なく着こなしていたのが、ショートカットの小泉今日子だったのである。

80年代から90年代にかけて『オリーブ』や『an・an（アンアン）』の編集長を務めていた淀川美代子は、普通のアイドルとは異なる独特の雰囲気を持つ小泉今日子を積極的に起用していたと述べている。

**淀川**　（前略）小泉さんには『オリーブ』の頃から、作っている雑誌によく出ていただいて。私が『オリーブ』から『アンアン』に移った1号めでも、確か髪を切っていただきました。　（『小泉放談』253）

小泉自身も、「『オリーブ』に声をかけていただいた頃って、まだアイドルがファッション誌に出ていない時代だったんです。だから『オリーブに出られるんだ！』『アンアンにも！』って、いつも、すごくうれしかったなぁ」（『小泉放談』253）と当時を振り返る。

それまでファッション誌に登場したことのなかった小泉今日子が、すぐに誰よりも『オリーブ』や『アンアン』に相応しいアイドルになれたのは、小泉がもともとおしゃれ好きだったことに加えて、自身を客観的に見つめる力に長けていたからではないだろうか。イメージチェンジする時期や方向性を見極める力。小泉の的確な能力はアイドルとしての自己プロデュース力となり、その後ますます開花していく。

ショートカットで自らを「コイズミ」と呼ぶキョンキョンは、「艶姿ナミダ娘」「渚のはいから人魚」「ヤマトナデシコ七変化」で新しいアイドル像を打ち立てた後、「なんてったってアイドル」と自分自身の立ち位置をメタ化してみせた。「イメージが大切よ　清く正しく美しく」――「客観的に見て『この曲を歌えるのは私だけだろう』っていう自信はあったし、そういう周囲の期待を感じてはいた」（日本経済新聞電子版２０１２年4月2日）。

アイドルを器用に演じることならば、すでに松田聖子らが実践していたが、アイドルそのものをメタ化してみせることは確かに小泉今日子にしかできない離れ業だった。アイドルを演じている「私」の姿を確信犯的に観客に見せるアイドル、それは新しいアイドルのあり方を示すと同時に、従来のアイドル文化の終焉《しゅうえん》を意味していた。

従来のアイドル像からの逃走と決別。小泉今日子が「なんてったってアイドル」を大ヒットさせた１９８５年は、グループアイドルの走りであるおニャン子クラブが話題になった年でもあった。もうアイドルは特別な存在ではない。普通の女子高生がクラブ活動のように放課後にアイドルをすることが当たり前になろうとしていた。その後のモーニング娘。やＡＫＢ48、坂道グループへと続く、誰もがアイドルになれる時代が始まったのだ。

小泉今日子はそんな時代を「キョンキョン」として疾走していく。「スーパーマイルドシャンプー」から「クノールカップスープ」「ベンザエース」まで数々のCMに出演し、『広告の時代』のCMクイーン」（助川2015：72）と呼ばれる一方で、『あんみつ姫』『生徒諸君！』などの主演ドラマや映画でもアイドルの域を超えた演技力が高く評価されるようになった。88年公開の『怪盗ルビイ』では毎日映画コンクールとヨコハマ映画祭の主演女優賞に輝くなど、俳優としても才能が花開いていった。

類い稀なるセンスと卓越した自己プロデュース力。従来のアイドル像にとらわれず自己主張するアイドル「キョンキョン」は、同世代の女性たちの支持を集めると同時に、いわゆる「新人類」たちからも一目置かれるようになっていった。当時の言論界の若手論客である野々村文宏、中森明夫、田口賢司の鼎談集『卒業　$K^2$YONに向って』（1985）は、80年代の文化的な背景を踏まえたアイドル論だが、そこでも「キョンキョン」は特別な存在として語られている。

同書は、84年から85年にかけて朝日新聞社から毎週刊行された「週刊本」シリーズの一冊であり、当時盛り上がりをみせていたニューアカデミズム（ニューアカ）色が強い内容となっている。ニューアカデミズムとは、80年代前半から中頃にかけての思想的な流行である。浅田彰の『構造と力』や中沢新一の『チベットのモーツァルト』といった若手学者の思想書がベストセラーとなり、既存のアカデミズムの枠内に留まらない新しい知のブームが起きた。ただ、ポップカルチャーも難解な現代思想の用語で読み解いてしまうニューアカの担い手は、「新人類」も含めてほとんどが男性であり、女性はあくまでも読み解かれる対象にすぎなかった。では、アイドル小泉今日子はニューアカ的文脈でどのように読み解かれたのだろうか。

**中森**　$K^2$YONは日本に初めて現れたポップなカリアゲの女のコだよね。　（192）

中森・野々村・田口という三人の「新人類」は、自発的に髪を切り、$K^2$YON（キョンキョン）になった小泉今日子を過剰なまでに評価する。

**野々村**　小泉今日子というのは、ものすごく日本の女の子なんだよね、体型とかあれでもさ。髪の毛を切ることによって、アンドロジナスといってもいいんだけれども、あえて僕がいいたいのは、泡の中から現れるアフロディテと、天の岩戸の天照大神との中間的位置にいるような気がするのね。

**中森**　アマノウズメノミコトである松本伊代が踊り、岩戸が開いて天照大神である$K^2$YONが生まれた。

（中略）

**田口**　伊代は差異を解体した、確かに。ところがキョンキョンは差異を突っ切った。

（194-195）

三人によれば、キョンキョンはまさに近代が終焉に向かっている80年代「ポストモダン」という時代に現われるべくして現われた「新人類」ならぬ「新アイドル」というわけだ。そこには、「カリアゲ」と「K$^{2}$YON」という記号が象徴的に作用していた。

**中森**　まず、キョンキョンという記法があった。K$^{2}$YONにくる前段階として。小泉今日子、キョンキョンは髪を切った瞬間にK$^{2}$YONになったような気がする。（177）

「カリアゲ」と「K$^{2}$YON」という記号は小泉今日子のリアルな身体性を希薄にさせ、アンドロジナスな存在に仕立て上げた。それは、従来のアイドル＝「彼女にしたい存在」という概念を確かに、突っ切ったであろう。身長153センチという小柄なキョンキョンは、日本女性の平均身長であり、アイドル身長の基準と言われる158センチを下回っている。体型的には彼らが好む「ものすごく日本の女の子」なのだ。しかしながら、小柄でかわいい「微笑少女」はいきなり髪をカリアゲにし、$K^2$YONになった。それは、彼らをけっして脅かさない、彼女にしたい存在であったはずのものが、突如として彼らを脅かす理解不能な存在になったことを意味している。

　だから新人類たちは、自らの好き嫌いやタイプを超えて「キョンキョン」を解釈せずにはいられない。なぜ、「彼女にしたいアイドル」はいきなり暴力的とも言える変貌を遂げたのか。これは突然変異なのか。進化なのか。結果的に彼らは、ポストモダンの時代に相応しい「新アイドル」として「キョンキョン」を高く評価した。いや、彼らは必死に「理解」しようとしたのだろう。いきなり目の前に現われた「カリアゲの女のコ」を、彼らの言葉でなんとか咀嚼《そしゃく》せずにはいられなかったのだ。

> むすうにからまるニューロンをぶっちぎり言語と論理の連結を約束しようとするシナプスの良心をえげつなくふみにじる力の暴力的な直接性、それが〈$K^2$YON〉だ。
> （200）

　ニューアカ風に「キョンキョン」を読み解くとこのようになるらしい。それほど、当時の男性たちにとって、キョンキョンは魅力的だが理解しがたい存在だったのだろう。

松田聖子のように単なるショートヘアに留まることなく、カリアゲショートにしてしまうキョンキョン（K$^{2}$YON）を女性たちは「さすが」と賞賛したが、男性たちは「なぜ」と疑問に感じたのだろう。その「なぜ」の裏返しが、男性中心主義的なニューアカ的言説によってキョンキョンを高く評価し、新しい時代のアイドルとして定義づけてしまうことにつながったのではないか。

「ジェンダーレス」などという言葉が一般化するのはまだ遥か遠い先の昭和末期、聖子ち

抜群のセンスとカリアゲショートで
ほかのアイドルとは一線を画したキョンキョン
（小泉今日子「ヤマトナデシコ七変化」ビクター　1984年）

ゃんカットのアイドルや「お嬢さま」のようなわかりやすい「女らしさ」が幅をきかせていた時代ゆえに、カリアゲのキョンキョンは男性たちにそのように解釈されたのだ。

　こうして、小泉今日子は、従来の「彼女にしたい存在」的なアイドル像から、大胆に逃走を図った。まずはビジュアルイメージをチェンジし、自己主張を始めた。キョンキョンとして、声を上げ始めた。80年代の「理想の彼女」としてのアイドルとは、声を持たない偶像であった。人魚姫は人間になることと引き替えに声を失ったが、80年代のアイドルは、アイドルになることと引き替えに声を失ったのである。

　だが、「渚のはいから人魚」は違った。カリアゲのK$^2$YONになることによって自ら「理想の彼女」の枠外に飛び出すと同時に、アイドルそのものをメタ化した。結果的に、決して男性を脅かすことのなかった従順なアイドル像を解体したのだ。理想の彼女から理想の「私」へ。男性に好かれるよりもむしろ女性が支持する「自己主張するアイドル」の道を切り開いたのだ。

　もちろん、新人類の男性中心主義な言説の中に留まることもなかった。なぜなら、その後の小泉今日子は、ファッションや振る舞いで自己主張するだけに留まらず、自分自身の言葉で語り始めたからである。

## ものを書くアイドル――「パンダのａｎ・ａｎ」と読書委員

　小泉今日子とマガジンハウスのファッション誌の関係は90年代に入っても長く続いた。『オリーブ』や『アンアン』のモデルとしてビジュアル的に高く評価されただけでなく、女性たちの理想の「私」となった小泉は、言葉でも読者たちの共感を得るようになったからだ。その舞台となったのが、『アンアン』での連載エッセイである。雑誌の力が弱まった２０１０年代以降においては、往年の『アンアン』の影響力を想像することは難しいかもしれないが、当時の『アンアン』は別格のファッション誌であり、ＳＮＳのない時代のインフルエンサー的メディアであった。

　とりわけ、日本で初めてのグラビアファッション誌として１９７０年に平凡出版（のちのマガジンハウス）より創刊された『アンアン』は、当時から90年代にかけて雑誌の中の雑誌であり、20代を中心とした女性たちの圧倒的な支持を得ていた。『アンアン』に載っているということは「おしゃれ」と同義であり、『アンアン』が流行を作っていると言っても過言ではなかった。その影響力は他の追随を許さず、林真理子も『アンアン』での長年の連載がなければ、人気作家として女性文化人を代表するような存在に上り詰めていなかったかもしれない。

そんな「憧れ」の『アンアン』で小泉今日子は、１９９４年末から連載エッセイをスタートさせる。もちろん、アイドルとしては前代未聞である。小泉自身もエッセイを書くのは初めての経験だった。記念すべき初エッセイのタイトルは「パンダのａｎ・ａｎ」。なぜ、自分は「キョンキョン」と呼ばれているのか、そのルーツをたどっていくとパンダに行き着く。それは、『アンアン』の誌名の由来と同じなのだという。

> ご存知とは思いますが、私は〝キョンキョン〟と呼ばれています。デビューしてからこのニックネームを付けられたと思っている人も多いのだけど、実は結構長い付き合いで、二十年以上も前、小学校一年生の頃に近所のおばさんが呼び始めた事がきっかけで友達に広まり、学校に広まり、遂には全国的に広まってしまったのです。（中略）なぜキョンキョンだったのか？　キョン×２だったのか？（中略）そういえば雑誌のａｎａｎもアンではなくアン×２だなぁ。と思って何気なく裏表紙を見たらなんと、そこに答えを見つけてしまいました。皆さん気付いてます？　ａｎａｎの裏表紙のどこかにひっそりとパンダがいることを……。
>
> （『パンダのａｎ・ａｎ』14－15）

今では、このエッセイ「パンダのａｎ・ａｎ」や創刊記念号のたびにキムタクやキンプリが着ぐるみを被って表紙に登場するせいで『アンアン』とパンダの関係を知る人も多いかもしれないが、キョンキョンがエッセイのタイトルにするまで、裏表紙のパンダのことはすっかり忘れられていた。しかし、小泉今日子は、エッセイ初回からいきなり、憧れの雑誌である『アンアン』を自分の目線に持っていく。気負うことなく、「パンダのａｎ・ａｎ」にしてしまうのだ。

こうして、「キョンキョン」と『アンアン』はまるで生き別れの姉妹が再会したかのように意気投合し、お互いになくてはならない存在となった。2年以上にわたって、『アンアン』誌上でキョンキョンの日常が飾らない筆致とポラロイドの写真で綴られていくことになる。さまざまなＳＮＳが普及した現在ならば、たとえ芸能人であっても自分の想いをストレートに発信することは容易いが、当時はまだ「生の声」を届けることが難しい時代だった。

そのような状況下で「パンダのａｎ・ａｎ」は、素の小泉今日子を、自らの言葉で伝える格好のメディアとなる。彼女自身が30歳を迎え、結婚し、アイドルから俳優へと転身していく時期とちょうど重なったこともあり、「〝自伝〟と言っても良いかもしれない。」（単行本『パンダのａｎ・ａｎ』の帯文）と本人が言うように、アラサーの小泉今日子が過去を振り返り、現在を見つめ、未来に想いを馳せる内容になっているのだ。

それはアイドル「キョンキョン」というよりも、小泉今日子という一人の女性の記録であり、アイドルを生業としてきた女性の「自伝」である。

小泉今日子。１９６６年２月４日生まれ。Ｏ型。水瓶座。好きな色＝ブルー、オレンジ。好きな食べ物＝トマト。好きな女優＝ジーナ・ローランズ。好きな監督＝ジョン・カサベテス。好きなヒロイン＝風の谷のナウシカ。好きな飲み物＝お水。好きなタバコ＝フィリップモリス・スーパーライト。好きなテレビ＝お昼のドラマ。好きな唄＝女の意地。好きなマンガ＝ダリアの帯。好きな季節＝冬。好きな匂い＝ラベンダー。好きな本＝モモ。

（『パンダのａｎ・ａｎ』74）

ここにはもうすぐ30歳を迎える小泉今日子という女性がいる。人生の半分を職業「アイドル」として生きてきた小泉今日子のまっすぐな想いがある。おしゃれ好きで映画好き。タバコも吸えば、昼ドラも見る。アイドルや芸能人の虚像に振り回されずに、意志を貫き通そうとする様子が、立ち位置を確かめながら、次の一歩を踏み出そうとする小泉今日子の姿が窺える。

> 頭の中に浮かんだ未来への一本道は、なんだかとっても見晴らしの良い、歩いて行ったら、とっても気持ち良さそうな道だった。景色を見ながら時々お喋りしたり、全力疾走してみたり、木陰に座ってお茶を飲んだり、そんな風に歩いていきたいな。
>
> （『パンダのａｎ・ａｎ』75）

こうして、90年代の小泉今日子は自らの言葉で語り始めた。俳優の永瀬正敏と結婚したばかりの、おそらく彼女の人生の中でもゆったりとした穏やかな時間を綴ったエッセイは、確実に『アンアン』の読者である女性たちの共感を得るようになっていった。また文章を書くことで、小泉の自身を客観的に見つめる能力はいっそう研ぎ澄まされたのではないだろうか。その後の俳優としてのキャリアにも確実にプラスに働いたと思われる。それだけではない。2年余りの連載を終える頃には、もう独自の「小泉文体」とでも言うべきスタイルが芽生えつつあった。小泉今日子は言葉でも人々を魅了するようになっていたのだ。『アンアン』での連載が終了した後も、さまざまな媒体でエッセイを書くようになる。

そこに目を付けたのが読売新聞だった。なんと小泉今日子を読書委員に起用したのである。今でこそ、アイドルや芸人も小説を書くし、書評もするが、当時はまだ新聞の書評を「芸能人」が、しかもアイドル出身のキョンキョンが行うのは異例の出来事だった。しかし、小泉今日子は２００５年から２０１４年の10年間にわたって読売新聞の読書委員を務めるという快挙を成し遂げるのである。

「本来二年任期のところを、余人をもって替え難い、ということで、五期も続けていただきました。」（『小泉今日子書評集』２２９）と読売新聞文化部記者もその能力の高さを称えているが、当の小泉今日子は、依頼があった時には断ろうと思っていたという。


たぶん私にはできないだろうから、お断りしようと考えていたんですよ。自分ではそんなに読書家だとは思っていなかったし、エッセイみたいな文章は書いたことがあったけれど、新聞で書評を書くなんて、とても。

（『小泉今日子書評集』２２９）


しかし、彼女が師と仰いでいた演出家の久世光彦が間に入り、女優やタレントとしてではなく、「ボツにする」という判断も含めて原稿にきちんとした評価をしてくれるのならば、という条件でようやく読書委員を引き受ける。２００５年1月、小泉今日子は38歳。その1年前には永瀬正敏と離婚していた。

再びシングルになり、もうすぐ40歳という節目の年齢になろうとする小泉今日子は、１回目の書評で吉川トリコの『しゃぼん』を選ぶ。

「誰だって、昔は女の子だった。」から始まる初書評は全文を引用したいほど、小気味よく元女の子たちの心を揺さぶる。

> 『しゃぼん』は二十九歳の〝女の子〟の話。大好きな恋人と暮らしているけれど、恋人のふわふわとした愛情が、結婚や出産によって脅かされるのではないかと不安を感じる。仕事もせず、お洒落もせず、三日もお風呂に入らず、ソファーでうたた寝をしながら、ずっと〝女の子〟でいたいと足掻《あが》く。現実に気付かないほど若くはない。だからこそ足掻くのだ。女の子の心意気のまま、現実を受け入れる覚悟は、逞《たくま》しく、潔く、可愛らしい。
>
> （『小泉今日子書評集』14−15）

「パンダのａｎ・ａｎ」から約10年。30代の階段を一歩ずつ上りながら、結婚や離婚という出来事を経た小泉今日子にとって、「足掻き」ながら生きる道を模索する主人公の姿が、かつての自分に重なったのではないだろうか。実際、38歳から48歳という10年間の１００冊近くに及ぶ書評は、小泉今日子の歩みと重なり、その時々の心情の吐露にもなっている。

その本を読みたくなるような書評を目指して十年間、たくさんの本に出会った。読み返すとその時々の悩みや不安や関心を露呈してしまっているようで少し恥ずかしい。でも、生きることは恥ずかしいことなのだ。私は今日も元気に生きている。

（『小泉今日子書評集』はじめに）

読書委員在任の10年間で取り上げた本のジャンルは小説、エッセイ、写真集、詩集と多岐にわたるが、すべてに共通するのが、その時々の彼女が生きるうえでの指標にしていた一冊だということだ。全97冊の半分以上が女性の手による作品であり、生き方をテーマにしたものも多い。

生まれて初めて教科書や参考書以外の本にラインマーカーを引きまくった。私の未来。新しい世界、新しい生き方への受験勉強をしているみたいで楽しかった。晴れて合格しますように。

（『小泉今日子書評集』１９９）

これは上野千鶴子と湯山玲子の対談集『快楽上等！』に寄せた言葉である。まもなく47歳を迎える小泉今日子は、書評の中で今までの来し方を振り返ると同時にこれから先の人生について思いを巡らせている。

恋愛の先にはいつも結婚や出産や家族という未来が見えていた。長い間その思いに捉われて生きてきた。離婚を経験した私でもついこの間までそんな思いに揺れていた。やっと解放されたというのに今度はどこに向かっていいのか迷子のような気分だった。

（『小泉今日子書評集』１９９）

書評を書くという経験が彼女をより内省的にし、生き方や人生についても改めて考える機会となったようだ。模索しながら自分なりの「答え」にたどり着くまで——読書委員を務めた10年間は彼女にとって生きることの「修行中」のような期間だったという。

この年齢で独身でいると、「今後どうやっていこうかなぁ」とかいう感覚があるから、書評にも書いたけど、家を買った方がいいのかとか、子どもを産んでないなぁとか、そういうのをずっと考えたりしながら過ぎていった十年間でした。女として、人としてのこの先がここで決まる、という感覚があったのかなと思います。

（『小泉今日子書評集』２４０）

同世代の女性が読者の中心であるファッション誌ではなく、新聞という万人に開かれた場を与えられたことが、内容だけでなく文体にも影響した。友人に語りかけるようなエッセイとは異なり、多くの人々に届く言葉を模索した結果だろう。

　四十七歳の私は過去を懐かしんだり、未来を恐れたり、今を苦しんだりしながら日々を生きている。考える事が面倒くさいと思ってしまう朝もある。それじゃダメだと本当に思う。だから私は今日もページを開く。詩人の言葉は私に考える事を忘れさせないでくれるから。

（『小泉今日子書評集』２０４）

　本を読み、人生について考えながら自分の言葉を紡ぎ出す日々。この間に、小泉文体（スタイル）というべきものも確立されている。２０１７年に出版された『もし文豪たちがカップ焼きそばの作り方を書いたら　青のりＭＡＸ』（もしそば）という本にも、小泉今日子は登場する。「黄色いパッケージ　黒い麺」――それは彼女のエッセイ集『黄色いマンション　黒い猫』（２０１６年）を捩《もじ》ったものだ。この「もしそば」は書名が示す通り、古今東西の「文豪」たちがカップ焼きそばの作り方を書いたら、どんな文章になるのかをテーマにした文体模写（パスティーシュ）集である。取り上げられているのは森鷗外、遠藤周作、村上春樹といった作家からミュージシャン、機械翻訳、2ちゃんねるまでと幅広いが、要するにその人ならではの「文体《スタイル》」がなければ題材には選ばれない。

それだけ、小泉今日子が書く文章には彼女らしさが滲み出ているということだ。でなければ、10年も読書委員を続けることなどできないだろう。

そう、私にだって積み重ねた確かな時間はあるのさ。びびることなんてないのさ。
（『小泉今日子書評集』223）

アイドル、俳優、エッセイスト、読書委員……新たな挑戦を積み重ねるなかで、自信も生まれ、生き方の可能性もさらに広がろうとしていた。生きることの修行期間を経て、「女の子の心意気のまま、現実を受け入れる」準備は整ったのだ。小泉今日子は果敢に次の扉を開けようとしていた。

## 好きに生きてこそアイドル――大人女子の水先案内人

30代後半から40代後半にかけて、小泉今日子はもう一つの大きな役割を担っていた。この10年間は、日本アカデミー賞やブルーリボン賞の主演女優賞に輝くなど俳優としてめざましい活躍を見せていたが、他にも小泉今日子にしかできない役割を雑誌の世界で担うようになっていたのだ。それは、2000年代以降に宝島社の雑誌が積極的に提唱していく「大人女子」の代表という役割である。

その名の通り雑誌『宝島』に端を発する宝島社は、ことファッション誌に関しては後発だった。1989年に『CUTiE（キューティ）』を創刊するまで、女性誌やファッション誌とは無縁だったと言っても過言ではない。だが後発ゆえに、マガジンハウスはもちろん、光文社や集英社、講談社といった大手出版社のファッション誌とは異なる独自の立ち位置を築いていくことになる。

10代のためのストリートファッション誌『CUTiE』を皮切りに、1990年代から2000年代にかけて宝島社は、『SPRiNG（スプリング）』『sweet（スウィート）』『InRed（インレッド）』と次々に新雑誌を創刊し、最先端のモード誌でもなく、コンサバティブなファッション誌でもない、独自のスタンスで青文字雑誌と呼ばれる一大潮流を牽引していく。

青文字雑誌とは、『JJ（ジェイ・ジェイ）』や『CanCam（キャンキャン）』といったタイトルロゴが赤い「赤文字雑誌」に対抗する勢力となった、宝島社発行のファッション誌を中心とする雑誌の総称である。コンサバティブな赤文字雑誌が好感度を重視し、周囲の人々に好かれる服を提案することを念頭に置いていたとするならば、宝島社の青文字雑誌は「他人に好かれる服よりも自分の好きな服を着ること」をモットーとしていた。そんな青文字雑誌が自分流を貫く小泉今日子に白羽の矢を立てたのもごく自然な流れだろう。

ファッション誌の萌芽期である70年代から日本のファッションをリードし続けてきたマガジンハウスの雑誌は、2000年代に入って、『ku:nel（クウネル）』などのライフスタイル誌に軸足を移し始めていた。『アンアン』もしだいにファッションのテーマが減少し、内容的にも先鋭的ではなくなっていく。「パンダのan・an」の頃とは様変わりしたのだ。代わって台頭してきた宝島社のファッション誌が小泉今日子の新しい舞台となった。

2003年に創刊された『InRed』は、「30代女子」をコンセプトに、未婚既婚にとらわれない新しい女性像を打ち出した。当時30代半ばの小泉今日子を表紙モデルに起用し、ビジュアル的にも今までにない30代女性のファッション誌を標榜していく。

> 半年間『InRed』の表紙とファッションページもやらせていただきました。最初はね、自信がなかったの。コンサバ系でもマダム系でもキャリア系でもない30代女性が読む雑誌。若い頃はクラブとかでガンガン遊んでたような30代女性が納得できるファッション。最初に『InRed』の話を聞いた時の私の解釈はそんな感じ。

（『小泉今日子の半径１００ｍ』62－63）

この『InRed』でも小泉今日子はイメージモデルだけでなく、創刊から約3年にわたってエッセイを連載することになった（２００３年3月号〜２００６年2月号）。「小泉今日子の半径１００ｍ」と名付けられた文章と写真は、言わば、続「パンダのａｎ・ａｎ」であり、アラフォー世代となった彼女の身辺雑記となっている。後半は読書委員を引き受けた時期とも重なっているが、読売新聞の書評が内省的で文学的な心情吐露になっているのに対し、こちらは「大人の乙女ゴコロ炸裂！のフォト＆エッセイ」（『小泉今日子の半径１００ｍ』の帯文）とあるように、「パンダのａｎ・ａｎ」の仲の良い女友達への近況報告といったスタイルを踏襲している。

だが、連載を始めた頃は「自信を喪失している時期」で「結構投げやりな気分で生きてたかも。」と後になって小泉今日子は振り返っている（「エピローグ」１７０）。確かに、その内容も「パンダのａｎ・ａｎ」とは違って元気がない。

「30代は微妙で中途半端なお年頃」というタイトルが付けられた冒頭のエッセイは、「私…。最近…。なんだか…。微妙な年頃。思春期なんかとっくの昔にやり過ごした。30も半ばのこの私に再び微妙なお年頃がやってくるとは夢にも思っていなかった。」（『小泉今日子の半径１００ｍ』2）からスタートする。第1回も「最近、悩みがあるのよね。悩みっていうか迷っている。どうしようかなぁ？　どうするべきか…。それが問題だ！」（10）から始まり、2回目に至っては「風邪ひいたぁ。40度くらいの熱が3日も4日も続いたぁ。」「病院に行く気力もない感じ。」（14）と精神的にも肉体的にもどん底状態にある自分を露呈する。

　永瀬正敏との蜜月期間だった「パンダのａｎ・ａｎ」の時期とは異なり、離婚を挟んだ3年間の身辺雑記であることも関係しているのか、「ファッションとかカルチャーとかそういうものに興味を失いかけていたような気がしてたし、このままオバちゃんになっちゃえばいいや！って開き直って宣言したいような心境だったからね。」（63）と後になって、連載開始当時の心境を語っている。

　確かに30代後半というのは、微妙なお年頃だ。若さの勢いで突っ走れる時期はとうに過ぎたけれども、まだ本格的な「老い」を感じるほど年は重ねていない。女性の場合は、とりわけ子どもを産むかどうかという選択を最終的に迫られる時期でもある。今までとは違う方向にシフトすべきなのか、今後何を軸に生きていくべきなのか。

　3年間書きためたエッセイと写真からは「どん底」の状態からもがきつつ浮上し、悩みながら、答えを探しながら生きていく小泉今日子の姿が見て取れる。

幸せってなんだろうね？　別に不幸だと思ったこともないけど幸せっていう自覚？実感？っていうのもあんまりないかもしれない。過去を振り返ると心が温かくなるような瞬間を思い出したりするけどね。幸せの瞬間を積み重ねていけば、未来の私が幸せと感じるんだろうか？　（81）

俳優としてドラマや舞台に出演し、さまざまな役を演じていく一方、プライベートでは引っ越しをし、猫を愛でる毎日。時に充電し、初めて「大人の夏休み」を満喫するなかで、しだいに小泉今日子は元気を取り戻していく。

日々の暮らしを題材にしたエッセイを書くことで、自信を失っていた状態から、「大人女子」代表として「ツヤっと輝く、40代」を迎えるまでに回復していくのだ。「この連載を重ねながらじっくりリハビリしてたような気がします。リハビリの甲斐あって、これからも攻めの人生を送れそう。」（「エピローグ」174）と本人も言うように、大平洋子編集長に背中を押されて始めた『InRed』での活動が、心身ともに彼女のリハビリになっていたのだろう。

「3年間、書いているうちに自然に片づいてた。居心地のよい生き方ができるようになってたよ。」（170）まさに不惑である。40歳、もう迷うことはない。自分の好きなように生きればよい。女の子の心意気を持ったまま、現実を受け入れればいいのだ。その覚悟が40代以降の「攻めの人生」につながっていく。

「女の子（少女）の心意気」――これは小泉今日子を理解するうえでの重要なキーワードである。彼女はいつも、「少女心」を大切にしている。30代になっても、40代になってもそれは変わらない。

> 大人の女になると少女心を忘れがちじゃん。まぁ、全面に出して生きるのも気持ち悪いけどさ。でも絶対に心の奥の方で大事に大事に守ってあげなくちゃいけないものだと思う。自分だけが知っている秘密の宝物みたいにさ。庭で雑草と闘ったり、鉢植えを育てたりしてるとね、その自分の少女心をピカピカに磨いてあげているような気分になるんだよね。私の場合は庭なんだけど、それが人形だったり、手芸だったり、読書だったりさ、人それぞれ少女心の隠し場所がちゃんとあるでしょ。大事にしなくちゃね。おばあちゃんになってもちゃんとピカピカに磨いてあげたいよね。（135）

小泉の少女心は、あの頃を懐かしむという単なるノスタルジーではない。「絶対に心の奥の方で大事に大事に守ってあげなくちゃいけないもの」「自分だけが知っている秘密の宝物」である少女の心。かつては持っていたはずなのに、年齢を重ねるにつれて、大人の女になるにつれて、忘れられ、失われていくもの。それは、自分が大事だと思うこと、自分の領域を守るということであり、私が私であるために必要不可欠なものだと言うこともできる。もっと言うならば、それこそ心の自由であり、自分の好きなように自由に生きることにつながる精神が、「少女心」や「女の子の心意気」という言葉で表わされているのではないだろうか。

　こうして「少女心」を常に磨き続けた小泉今日子は、宝島社が『InRed』を卒業した「40代女子」のために『ＧＬＯＷ（グロー）』を用意する頃には、「ツヤっと輝く、40代女子」となっていた。２０１０年に満を持して創刊された『ＧＬＯＷ』創刊号では、「最強の40代女子登場！」というキャッチフレーズとともにＹＯＵと表紙を飾っている。「好きに生きてこそ、一生女子！」「私たち40代、輝きます宣言！」そこには、読者より一足早く40代を迎え、いっそう輝いている小泉今日子の姿があった（第4章参照）。

　その後も小泉今日子は、「40代女子」「大人女子」の代表として、創刊記念号には必ず『ＧＬＯＷ』の表紙を飾り、既成概念にとらわれず自由に、好きに生きる「大人女子」のイメージを世の中に広めた。「美魔女」のように年齢に真っ向から抗うのではない。無理せず自然に、しかしながら少女の心意気と攻めの精神を忘れずに年齢を重ねる小泉今日子の生き様は、同世代だけでなく後続世代からも注目されるようになる。

『InRed』の時と同様に、表紙やファッションページでビジュアル的に参画するだけではない。２０１５年からは「小泉放談」と題して、50代以上の素敵な先輩に話を聞く対談企画もスタートした。連載「小泉放談」は40代後半になった小泉今日子が、「50代以降をどう生きるか？」をテーマに約2年間にわたってゲストたちと語り合ったもので、対談相手は親友のＹＯＵから美輪明宏、上野千鶴子、樹木希林、小池百合子まで非常に幅広いラインナップとなっている。

「この対談も、今まで古いロールモデルしかなかった50代を変えたいなぁと思って……。いろんな人に話を聞いて、あとから歩いてくる人たちが『そうか、この手でいけばいいんだ』っていう、参考になればいいなと。」（『小泉放談』２４７‐２４８）というように自ら自由に生きるための水先案内人を買って出ているのだ。

もちろん小泉自身が、不惑を過ぎ、まもなく天命を知ろうとするなかで、次はどうしようか、と再び立ち止まったことがきっかけになっている。幼い頃から仲がよく、精神面でも頼りにしていた姉「ヨーコさん」の死によって、残された人生についても改めて考えるようになったという。

48歳だった私にとって、まもなくやってくる50代は未知の世界。さて、どうする？私の知恵袋はもういないのだ。若い頃から仕事をして、結婚もしたけど離婚もして、子どももいず、自由気ままに生きてきた私は人生設計など考えたこともなく、後先考えずに瞬間瞬間を楽しむことが正解だと思って生きてきてしまったような気がしてならない。うーむ、困った。さて、どう生きよう？　私と同じように来るべき50代の扉の前で二の足を踏んでいる女性は多いはずだ。扉を開けてから地団駄を踏まないようにガイド的な何かを作るべきだ！

（『小泉放談』３７１-３７２）

後から来る後輩たちが困らないように。小泉今日子は常に「大人女子」の旗手として、一足早く次の扉を開けてナビゲートする。50代という未知の世界に恐れを感じずにすむように。いくつになっても少女の心意気と攻めの精神を持って前に進んでいくにはどうすればいいのか。自由に生きるにはどうすればいいのか。自らが水先案内人となって、示そうとするのである。

## なんてったってキョンキョン

２０２１年４月、小泉今日子は朝日新聞社と宝島社『ＧＬＯＷ』がタッグを組んで行っている「Aging Gracefully」（エイジンググレイスフリー）プロジェクトのアンバサダーに就任した。エイジンググレイスフリーとは、人生１００年時代と言われる現代において、40代、50代女性が主役となりもっと輝くために、加齢に対する価値観を変える目的で、２０１８年から行われているプロジェクトである。

> 欧米では「Aging Gracefully（＝優雅に年齢を重ねる）」という概念がすでに浸透しつつあります。
> 私たちは「Aging Gracefully」を優雅なだけでなく、『わたしらしく、ゆるっと、優雅に輝く』と解釈し、加齢に対する新たな価値観として、日本での浸透を目指します。
> (https://aginggracefully.asahi.com/about/)

初代は吉田羊、２代目はＹＯＵと大塚寧々がアンバサダーとしてキャンペーンに登場し、加齢を否定的に捉えるのではなく、「ゆるっと、ゆうがに。」年を重ねることをアピールしてきた。４年目を迎え、ある程度浸透したここにきて、いよいよ真打ち小泉今日子の登場となったわけだ。

２０２１年４月27日付の朝日新聞には小泉今日子がモデルとなった全面広告が掲載された。「遊んじゃえ。」というキャッチフレーズのもと、まっ赤なワンピースを纏った小泉今日子が赤いマニキュアをした手で赤いスプレー缶を持ち、髪をピンクに染めている。スプレー缶から流れ出るのは赤い花を中心としたフラワーアートである。

髪をピンク色に染めた。

女優だから、と髪を伸ばしていたけれど、
思い切ってインナーカラーを入れてみた。
女優のわたしの殻を捨ててみた。

「スカッとしたし、心が踊った。

50歳を過ぎ、
少女の心意気と攻めの姿勢を
改めて表明する小泉今日子
（『ＧＬＯＷ』と朝日新聞社による共同事業「エイジング グレイスフリープロジェクト」２０２１年）

そう言えば私ってこうだったじゃんって。」

アイドル時代から小泉今日子は、型破りだった。
当時は突然の刈り上げなどで世間をおどろかせ、
同世代を熱狂させた。
プロデュースという新たな道を踏み出した彼女が、
また同世代の殻をたたく。
部屋の中からでも、世界は広がるから。
ワクワクしちゃえ。
「今さら」なことを「今こそ」。

（２０２1年4月27日付朝日新聞朝刊全面広告）

「古いロールモデルしかいなかった50代を変えたい」（『小泉放談』２４７）と言っていた小泉今日子が50代以降の新たなロールモデルになろうとしている。年齢を重ねても、より積極的に、より自由に自分の人生を生きる女性として。

カリアゲとKYON$^2$でアイドル像を解体した10代、声を上げ始めた20代を経て、「大人女子」の旗手として30代、40代を駆け抜けた小泉今日子が再び、わたしの殻を捨てる。「私ってこうだったじゃん」――少女の心意気と攻めの姿勢を改めて表明したのだ。なんてったってキョンキョン。しかも今回は「遊んじゃえ。」である。

> 結局、大人が楽しんでいないと、若い人には生きる楽しさが伝わらないし、世の中も元気にならない。だからいまこそ、大人から好きなもの、楽しいことを優先して選び、遊び心を発信していったらいいんじゃないかと思うんです。赤やピンクの服を着て、「なんだよ母さん、ピンクなんか」って言われても、「だってピンク、好きだもん」と。遊ぶといっても、外に出てワーッと騒ぐことだけじゃない。確固たる姿勢で好きなものを選び直していくことだって、立派な遊びなんです。
>
> （PR TIMES「〝エイジンググレイスフリー〟プロジェクトアンバサダーに小泉今日子さん就任！」）

小泉の考える「遊び」には、「確固たる姿勢で好きなものを選び直していくこと」も含まれる。それは、まさに「少女の心意気」を持って、自由に生きることを意味するだろう。50代になった小泉今日子は以前にも増して、自由に生きることを自覚的に選び取っていった。

２０１８年の１月にはデビューから36年間所属してきた大手事務所から独立し、舞台や映像音楽などのプロデュースを行うために２０１５年に立ち上げた制作会社「株式会社明後日」に軸足を移した。アイドル時代から自己プロデュースに長けていた小泉がプロデュース業に本腰を入れるのは当然のことと言えるだろう。会社設立のパートナーでもある俳優の豊原功補との関係も包み隠さず公言する彼女に当時はバッシングも巻き起こった。

おそらく、ここまではっきりと既婚者であった男性との恋愛関係を公表するには、よほどの覚悟がなければならないだろう。それでなくても、近年は「不倫」に対する風当たりが異常なまでに厳しい世の中だ。あらゆる面において倫理的に正しいことを重視する一方で、不倫のような倫理的に正しくないとされることに関しては、すさまじい非難の嵐が巻き起こる。

しかし小泉今日子はそういったバッシングが巻き起こることも承知の上で、自らの恋愛を公表した。恋愛に関してだけではない。独立した後の小泉今日子は、Twitter（現X）での発言も積極的に行うようになる。「株式会社明後日」のアカウントを使って、芸能人には、特にアイドル出身の芸能人にはタブーとされていた政治の話題についても発言するようになるのだ。

２０２０年５月には、検察庁法改正案問題に関する政府の姿勢をめぐり、Twitterで抗議した。「こんなにたくさんの嘘をついたら、本人の精神だって辛いはずだ。政治家だって人間だもの」とつぶやき、次のツイートで「＃さよなら安倍総理」「＃赤木さんの再調査を求めます」というハッシュタグを付けた。また、アベノマスクに不良品が混入していたことが発覚した際にも、「人間だから間違えや失敗は誰にでもあるだろう。一生懸命やった結果だったら人はいつか許してくれるかもしれない。でも汚らしい嘘や狡《ずる》は絶対に許されない。カビだらけのマスクはその汚らしさを具現化したように見えて仕方がない。」とツイートした。

このような政治的な発言に関しては、当然賛否両論が巻き起こり、なかには彼女が政治的発言をしたこと自体に対して苦言を呈するものもあった。しかし、小泉今日子は他の芸能人のように批判されたからといって、一度つぶやいた内容をすぐに削除したり、訂正したりすることもなかった。Twitterを通して、おかしいと思うことに常に声を上げ、自分自身が思ったこと、発言したいことをきちんと伝えようとするようになったのだ。そこには小泉今日子の覚悟が窺える。

> 私はもう50歳を過ぎた人間だし、言い続ける強さみたいなものも見せてあげないと、とも思いましたね。
>
> （朝日新聞2023年5月4日朝刊）

コロナ禍の２０２１年４月には何度も繰り返される緊急事態宣言を受けて有観客公演が中止になることに対し、「#文化芸術は生きるために必要だ」とのメッセージを発信した。おそらく、演劇を中心とした舞台プロデュースに力を入れている現在の小泉が最も大切にしているメッセージの一つだろう。

「『年を取るのって、悪くなさそうだな』と、そういう生き方のモデルになりたい」（Aging Gracefully HP）と小泉今日子は常に宣言してきた。そして、50代半ばになった小泉今日子は実際に加齢に対する価値観を変える新しい50代の生き方のモデルとなり、「キョンキョン」という独自の、自由なポジション到達したようだ。親友のYOUは50歳目前の彼女がすでにそうであったことを見抜いている。

YOU　（前略）キョンキョンっていうだけで、もう攻めようが、かわいくしようが、お母さんやろうが、自由じゃん。行き着くところまで行ってるんだし、他に誰もいないんだから。

（『小泉放談』22）

他に誰もいない小泉今日子という自由な生き方。それは彼女が模索しながら、常識を壊しながら、切り開いてきた道のりそのものだ。アイドルとして成功し、ずっと時代の先頭を走ってきたように見えるけれども、何もかも手に入れ、順風満帆な人生を歩んできたわけではない。むしろ「生きることは恥ずかしいことなのだ」と公言し、その時々の悩みや苦しみもエッセイや書評の中で吐露することで乗り越えてきた。どん底の状態にある時も、その後の「リハビリ」期も包み隠さずに歩んできた。書くことで気持ちを整理し、前に進み続けてきた。ものを言うアイドルとして、ものを書くアイドルとして、自分の気持ちに向き合い、常に言葉を発信してきた。エッセイ、書評、Twitter、Spotify番組。雑誌、新聞、ＳＮＳ、音声メディアと媒体は異なれど、いつも小泉今日子は声を上げてきた。生の声を届けようとしてきた。「ホントのコイズミさん」（Spotify番組のタイトル）を見せようとしてきた。だからこそ、小泉今日子の生き様は女性たちに支持され、独自のポジションに到達し得たのではないか。

　そして、いくつになっても、少女の心意気を持って攻め続けることを忘れない。確固たる姿勢で好きなものを選び直していく自由な精神。それがいくつになっても「ワクワクしちゃえ。」「遊んじゃえ。」と言える生き方につながったのではないか。そこに女性たちは共感し、憧れる。小泉今日子のようにカリアゲショートにしたい。インナーカラーを入れたい。声を上げたい。自由に生きたい。50歳になったとしても。50歳だからこそ。男性にとっての理想の彼女から女性にとっての理想の存在へ。小泉今日子は声を上げること、意思を示すことの重要性を見せ続けることによって、自分自身を、そして女性たちを鼓舞し続けてきた。

> 残りの人生、そんなに長い時間じゃないかもしれないけど、意思表示する姿を少しでも見せていかないといけないなと。
>
> （朝日新聞２０２３年5月4日朝刊）

50代後半を迎えた小泉今日子は、今も声を上げ続けている。たとえ炎上しようとも、意思表示することをやめない。少女の心意気と攻めの姿勢を保ったまま、小泉今日子はこれからも年齢を重ねていくだろう。自ら切り開いてきた新たな「オトナのオンナ」の人生を全うするだろう。

結婚や出産を経て妻や母になること以外の生き方、自分の足で立ち自由に生きる新たな「オトナのオンナ」のモデル。小泉今日子と同じように、80年代からそれを切に求めたのがマンガ家の岡崎京子であった。次章では、もう一人のキョウコについて見ていくことにしよう。

# 第2章

# 「大人の女」からの自由

## ——岡崎京子論

# 一人の女の子の落ちかた――少女マンガを超えて

マンガ家の岡崎京子が1996年の交通事故の後遺症により、新しい作品を発表しなくなってから30年近くの時が経とうとしている。しかしこの間に岡崎京子の作品はさまざまな年代の人々に読まれ、語られてきた。いくつもの代表作が実写映画化され話題となった。2015年には世田谷文学館で「岡崎京子展　戦場のガールズ・ライフ」が開催され、文学館開設以来の2万3000人を超える来場者を記録したという。

時代が岡崎京子に追いついたのだろうか。ようやく人々が彼女の作品を理解できるようになったのだろうか。

岡崎京子は誰にも似ていない。それまでの少女マンガ家はもちろん、彼女以降に登場した少女マンガ家とも明らかに異なっている。そして、その後も岡崎京子に続く者はいない。

なぜなら彼女が描いたのは、いわゆる少女マンガではないからだ。

むしろ、岡崎京子は「〈少女マンガ〉の臨界に位置する作家」（杉本2012：23）と位置づけられている。少女マンガというジャンル自体に揺さぶりをかけた岡崎の作品は、マンガの域を超え「マンガは文学になった」とまで言われるほどだ。

『くちびるから散弾銃』『ｐｉｎｋ』『東京ガールズブラボー』『ヘルタースケルター』――岡崎の作品にはたくさんの女の子が登場するが、それは少女マンガというカテゴリーに分類するには、とてつもなくパンクであまりにもニューウェーブなのだ。一般的な少女マンガが描いてきた女の子たちの夢や憧れの世界を遥かに超越している。

> いつも一人の女の子のことを書こうと思っている。
> いつも。たった一人の。ひとりぼっちの。一人の女の子の落ちかたというものを。
> （『ぼくたちは何だかすべて忘れてしまうね』106）

　なぜ、岡崎京子は女の子たちの夢や憧れではなく、その対極とも言える「一人の女の子の落ちかた」を書こうとしたのだろうか。そもそも「女の子の落ちかた」とは何を意味するのか。何から落ちるのか。夢や憧れの世界か？　それとも、女の幸せか？　それは、妻や母になるという従来の女性の生き方に対するアンチテーゼなのだろうか。

　この章では岡崎京子とその作品を通して「女の子」にとっての自由を考える。まずは、類い稀なるマンガ家岡崎京子がどのようにして誕生したのかを見ていこう。

　東京オリンピックを目前に控えた1963年、岡崎京子は東京の世田谷区下北沢に理髪店「ハナビシ」の長女として生まれた。自宅の理髪店にあるマンガや雑誌を読んで育ち、小学校時代にはすでにひと通りのマンガを読破していたという。小学校5年生の時に、友達の家で読んだ萩尾望都の『ポーの一族』に衝撃を受け、マンガ家を志す。萩尾望都と言えば少女マンガ史に燦然《さんぜん》と輝く大家だが、『ポーの一族』は中でも永遠に生きる吸血鬼一族の物語を描いたファンタジーであり、当時の少女マンガとしては異色の作品であった。少女マンガの王道ではない作品に岡崎が強く惹かれたのは特筆すべき事柄であろう。

　中学入学と同時に、マンガ少女だった岡崎京子は音楽に目覚める。今度は、お小遣いのほとんどをレコード代に費やすロック少女となるのだ。当初はクイーンやベイ・シティ・ローラーズ、エアロスミスなどを聴いていたが、しだいにパンクやニューウェーブに音楽の趣味が移っていく。中学3年生のことだった。マンガもそれまでの少女マンガから高野文子やひさうちみちおなど、既存のジャンルにとらわれないニューウェーブ系を好むようになる。

高校1年の夏には、白泉社の『花とゆめ』のマンガスクールに16ページの作品を投稿するが、結果はCクラスだった。もし、そのまま順調に『花とゆめ』で少女マンガ家としてデビューしていたらどうなっていただろうか。一連の岡崎京子作品は生まれていなかったかもしれない。少なくとも現在のような評価を得ることはなかったのではないか。

自身が愛読してきた少女マンガの世界から外れてしまった岡崎京子は、翌年から雑誌『ポンプ』に投稿を開始する。『ポンプ』とは現代新社（後に洋泉社に社名変更）から発行されていた読者投稿誌であった。すべてが読者からの投稿で成り立っていた『ポンプ』はインターネットの先駆けとも言われ、後に有名になった投稿者として、岡崎京子を筆頭に尾崎豊、デーモン小暮などが名を連ねている。この『ポンプ』へのまめな投稿が結果的に岡崎京子の新たな道を切り開くことになるのだ。『ポンプ』の投稿イラストがやがて中森明夫の『東京おとなクラブ』や大塚英志の『漫画ブリッコ』での連載へとつながっていく。

１９８２年には高校を卒業し、短大でデザインを学び始める。短大入学とともに髪を切り、毎日違う服装で通学する岡崎京子。流行のファッションを身に纏った彼女は、新宿ツバキハウス火曜日のDJ大貫憲章による「ロンドンナイト」にも毎週通うようになる。80年代前半のツバキハウスは日本で最もロックでオシャレなディスコとして名を馳せていた。

とりわけ「ロンドンナイト」は洋楽のロックを日本に広めた最高にクールなイベントとして、今でも伝説的に語り継がれている。

80年代前半、私は毎週のように『ツバキハウス』に足繁く通ってた。火曜日にやっていたロンドンナイトの日はパンクの人やギンギンにニューウエイブな人や、とにかくスットンキョウな格好をした人が束になって集まっててホント面白かった。今のディスコやクラブみたいなナンパーさはまったくない。もろ体育会系。根性入れて踊らんかい！って感じ。基本的に当時のディスコはフリーフードだったから、食べれて飲めて時間つぶせて遊べて、貧乏な人にとっては夢のような空間でした。

（『CREA』1994年4月号）

この岡崎の「ロンドンナイト」体験は、後の『東京ガールズブラボー』をはじめとする作品にも活かされた。とりわけ彼女のファッションと音楽への並々ならぬ情熱はその後の岡崎作品の通奏低音を成していると言えるだろう。

少女マンガを研究する藤本由香里は、「岡崎京子は『街と地続きの少女マンガ』を描いた初めての作家なのではないかと思う」（「岡崎京子以後」アエラムック『ニッポンのマンガ』所収）と指摘している。

> **「少女マンガ」**というのは、少女の「内面」を描くものだとされるが、その分、内へ内へとこもるところがある。とくに作品が「少女マンガ誌」に掲載されている場合はそうで、そこはかなり「現実」からは隔離された場だ（だからこそ自由だ、ともいえるが）。だが岡崎京子は、**大島弓子**を代表とする繊細な「少女マンガ」に出自を持つ一方で、その後**「ニューウェーブ」**に影響を受けたその作風から、デビュー当時、「少女マンガ誌」の中にその居場所を確保することができず、サブカルエロ漫画誌**「漫画ブリッコ」**などを皮切りに、やがてマガジンハウスや宝島系の雑誌に作品を掲載するようになる。
>
> （藤本由香里「街の時計・時代の時計」『「岡崎京子　戦場のガールズ・ライフ」展』Web ACROSS）

藤本が言うように、少女マンガというものは、時に少女の内面を描くことを優先するがゆえに現実の世界をそれほど重視しない傾向にあった。例えばそれは登場人物が纏うファッションに顕著に表われていた。かつての少女マンガは流行のファッションをそれほど反映していなかった。それは宝塚歌劇団の舞台と同じであり、夢や憧れの世界に流行という現実は必要なかったからである。

だからこそ、少女の「内面」を描きながらも、流行のファッションを身に纏い、街を闊歩する現実の少女の姿を鮮やかに捉えた岡崎京子は、「街と地続きの少女マンガ」を描いた初めての作家なのである。そして、「街と地続きの少女マンガ」を描くには、ロンドンナイトのような自らの体験に裏打ちされたファッションセンス、モード性というものが必要不可欠なのだった。

> オシャレであることと、街を好きなこととはイコールだ。
> オシャレであることは、街の気分を読まないとできない。
> 時代の気分を読まないとできない。
> そしてその〈気分〉は、日々刻々と移り変わっていく。
>
> （藤本 Web ACROSS）

街や時代の気分を読むということ、それは岡崎京子が最も得意とすることだった。誰よりも敏感に時代の気分を読み取り、それに相応しいポップな画風と文体で表現する。それが、岡崎京子と他の少女マンガ家との決定的な違いだった。

> これは楽器が奏でるマンガじゃないか。ポップソングの歌詞の溝に描きこんだマンガじゃないか。
>
> （ウェブ「松岡正剛の千夜千冊」１５４９夜『ヘルタースケルター』）

時代を謳うポップソングのように、岡崎京子のマンガは時代精神を描いていった。20代になった岡崎京子は『漫画ブリッコ』から『スコラ』『平凡パンチ』へ、サブカルエロマンガ誌から青年コミック誌、一般誌へと活躍の場をさらに広げながら、マンガはもちろん、イラストやエッセイなど多数の連載を持つようになった。

しだいに男性向けのメディアだけでなく、女性向けのメディアにもフィールドを拡大していく。１９８６年に創刊された女子版『宝島』を目指したカルチャー誌『ＭＯＧＡ』（東京三世社）でも、毎号執筆をするようになる。

こうして『セカンド・バージン』『好き好き大嫌い』『ジオラマボーイ★パノラマガール』など初期の代表作が生み出されていった。結果的に、少女マンガ誌に居場所がなかったことが功を奏したのだ。表現媒体が少女マンガ誌という閉じられた世界ではなかったことが街の気分を、時代の気分を読むという岡崎の才能をいっそう開花させたのだ。さらには、移り変わる時代精神を反映しつつ、現実の世界で不安や絶望を感じながら果敢に生きる少女たちの姿を描くという岡崎独自のスタイルを完成させることにつながる。

それこそ、「一人の女の子の落ちかた」であり、従来の王道少女マンガが描いてきたような、運命の相手と出会い恋に落ちるというロマンティックラブ・イデオロギーの物語に回収されずに、現実を生きようとする女性たちの姿であった。

## 消費文化と岡崎京子

街や時代の気分を的確に読むにはどうすればいいのだろうか。それは、誰よりもオシャレに関心を持ち、流行を追いかけることを意味した。特に、岡崎京子が20代だった1980年代から90年代という時代はそうであった。何よりも岡崎自身、ファッション好きで買い物好きであることを公言していた。そんな岡崎のファッションへの熱い想いはエッセイにおいても余すところなく示されている。

特に今や伝説の雑誌となった『朝日ジャーナル』で1991年1月から翌年5月にかけて連載されていた「週刊オカザキ・ジャーナル」には、ファッションや買い物についてのトピックが頻出する。ちょうどバブル期に重なっていたこともあり、まさに「買い物中毒患者」と自覚し、「買い物」という「ドラッグレス・ドラッグ」にハマっていた岡崎の姿が窺えるのだ。

> しかし、なんでこうも私は買い物が好きなのだろうかしらん？
> ほぼ、毎日、買い物をしない日はナイ（というのはウソで何故なら一日中一歩も出ない日も週にいくどかあるから）ナイったらナイって感じで、ある。
> （中略）つい気がつくと服やら靴やらアクセサリーやら小物やら買っているのであった。
>
> （『オカザキ・ジャーナル』10）

ネットショッピングなどまだない時代の買い物は、現在よりもずっと情熱とエネルギーを必要とする行為だった。ポチるだけで、アマゾンが何時でも何処へでも何でも持ってきてくれる今とは違うのだ。だが、それゆえに買い物はもっともっと刺激的な行為だった。岡崎は自らの買い物好きを白状しつつ、アメリカの現代美術作家バーバラ・クルーガーの「我買う、ゆえに我あり」（I shop therefore I am）を引用して、買い物好きな自分を客観的に見つめ、分析していく。

そもそも私たちは、なぜ買い物に夢中になるのか。買い物によっていったい「何」を買っているのか。自らを「買い物中毒患者」と自認したうえで、岡崎は言う。私たちは買い物によってまず第一に「シゲキ」を買っているのだと。買い物は「私たちのドラッグレス

・ドラッグである」(12)と。

もちろんそれだけではない。

私たちが「買って」いるのはシゲキゲキゲキだけでなく「安息」とか「心の平安」とかだったりも、する。買い物をすると何となく「やりとげた」というたっせい感があることもいなめない。まるで宿題を出した後の気分のように。(12)

「達成感」――確かに、高額な買い物ほどそのように感じられるのだろう。例えばハイブランドのバッグ。田中康夫は「岩波文庫を読んだ時の感動と、ルイ・ヴィトンのバッグを手にした時の感動は等価」(クリエイティブディレクター・長谷川踏太さんが、小説家・田中康夫さんに聞く、「現代社会について思うこと」2015・4・09)だと喝破したが、両者の「読破した」「手に入れた」という「達成感」は同じなのかもしれない。

多分、女の子たちの多くはヴィトンを初めて手に入れたとき、「やっとニンゲンのオンナになれた」と思ったのではないだろうか。一種の宗教のイニシエイションとしてのヴィトン、またはシャネル、またはエルメス。(12)

これは80年代、90年代に青春を過ごした女の子たちの多くが持っていた感覚ではないだろうか。買い物にシゲキと達成感を与えられ、買い物で成長する私たち。ヴィトンに始まりやがてはシャネル、最後はエルメスへ。ランクが上がれば上がるほどシゲキや達成感もひときわ大きくなる。難解な長編小説を読破したかのように。

岡崎は当時の流行に振り回されることによって、消費による蕩尽《とうじん》という時代精神に忠実であることによって新たなマンガ表現を生み出したのではないか。ハイブランドを手に入れることの達成感から最新のお気に入りブランドを纏った時の高揚感まで。それらは、確実に時代の空気を反映しながらも、今まできちんと描き出されたことのない類いのものだった。なぜ描かれなかったのか。なぜ、ブランドや流行やオシャレのことはファッション誌という閉じられた世界から出ていかなかったのか。

> 幅を利かせているのは男性の価値観です。大雑把に言ってサッカーなどのスポーツは「重要」で、ファッションに夢中になって服を買うのは「取るに足りないこと」です。
> （ヴァージニア・ウルフ『自分ひとりの部屋』129-130）

出ていかないのではなく、出ていけなかったのだ。「取るに足りない」という理由で。だが岡崎京子は、ブランドや流行といった「取るに足りない」ものを「現代日本を構成する社会的・文化的要素」として初めてマンガという表現形式で描ききった。実際にエルメスに憧れ、ミルクやアニエス・ベーを愛用した「買い物中毒患者」だからこそ表わせる現実の姿を岡崎は描くことができたのだ。

80年代に入り、日本の消費文化はめまぐるしく発展していた。ブランドによる記号的消費を描いた田中康夫の『なんとなく、クリスタル』（１９８１）がベストセラーになり、どのデザイナーの服を着るか、どのブランドのどのアイテムを選ぶかが極めて重要な事項になりつつあった。『なんとなく、クリスタル』が女性を主人公としながらも男性的な視点で外側から女性の消費文化を捉えた作品であるとするならば、岡崎は女性的な視点で自らをも浸っていた消費文化を内側から表現していったのである。

コム・デ・ギャルソン、ワイズ、ビギ、ニコルにピンクハウス。80年代半ばにはＤＣ（デザイナーズ&キャラクターズ）ブランドブームが到来し、人とは違う独創的なファッションを選び、着こなすことが「個性」だと考えられるようになった。黒ずくめのカラス族が街を闊歩し、ハウスマヌカンが憧れの職業とされた。

このような時代にあっては、大人の女性だけでなく、少女たちも日に日にファッショナブルになっていった。サブカルチャー誌として名を馳せた『宝島』を読む、音楽とファッションが大好きな宝島少女が登場し始めていた。ファッション誌『オリーブ』が創刊されるのは1982年のことである。少女たちもまた、DCブランドブームとファッションによる自己表現に取り込まれていったのだ。

ミルクやアツキオオニシを着こなした少女たちを従来の少女マンガは十分に描くことができなかった。少女たちもまた、「リアルな私たちが登場する少女マンガ」を求めていた。時代は、宝島少女やオリーブ少女が読める少女マンガを渇望していたのだ。それは藤本由香里が言うように「ファッション記事の合間に読まれるマンガ作品」(Web ACROSS)であり、言い換えるならば、ファッションと等価なマンガ作品である。DCブランドファッションのグラビアページと肩を並べても遜色のないオシャレなコンテンツ、すなわちファッションと同じぐらい現実を反映し、街の、時代の空気を表現しているマンガ、それが岡崎京子の作品だったのだ。

しかし、1980年代にはまだファッション誌にマンガ作品が掲載されることはなく、デビュー間もない岡崎京子にはなかなか居場所が与えられなかった。少しずつ、マンガの世界にも少年マンガ、少女マンガといったジャンルにとらわれない「ニューウェーブ」と呼ばれる新しい動きが起こり始めていたが、まだまだロマンティックラブ・イデオロギーに貫かれた「少女マンガ」の世界は健在だった。

だが一方で、この時期の少女マンガの主流は「二四年組」の系譜でも「ニューウェイヴ」の潮流でもなかった。そこにあったのは、主人公の前に素敵な彼が現れて結ばれる学園恋愛モノという典型的な少女マンガ像、通称「おとめちっく」である。少女のための少女マンガ、エンターテインメントに徹することを少女マンガ誌自身が守っていた時代において、岡崎の描くマンガを受け入れる土壌がそもそもなかったのだと推測できる。

（ばるぼら２０１２：11‐12）

宝島少女に起源を持つストリート・ファッション誌『CUTiE』が創刊されるのは、80年代も終わろうとする１９８９年のことだった。この10代の少女に向けた新しいファッション誌で岡崎が連載を開始したのは、当然の成り行きであったと言える。音楽とオシャレが大好きで個性的な女の子に向けたマンガを描けるのは岡崎京子しかいなかったからだ。

何を考えたか私は「そうだニコルでハウスマヌカンをしながらまんが家修行をしよう」と決めてしまったのです。何も考えていませんね。そうです。私はアンアン／マガジンハウスとファッションメーカーとの謀略に見事に引っかかってしまった頭のあんまりよくない女の子の一人だったんです。
（『バージン』あとがき）

だからこそ、愛と資本主義をめぐる冒険と日常の物語である『pink』も生み出されたのだろう。ペットのワニの餌代を稼ぐために夜はホテトル嬢として働くＯＬのユミちゃんは言う。

愛と資本主義に翻弄される
ＯＬ兼ホテトル嬢のユミちゃん
（岡崎京子『pink』マガジンハウス　１９８９年）

「あたしTVみたく暮らしたいしananのグラビアみたく暮らしたいな」

（『pink』113）

今ならば、「インスタみたく暮らしたいな」といったところだろうか。テレビ、ファッション誌、SNSとメディアは移り変わっても女性たちの欲望は喚起され続けている。

岡崎自身が誰よりも女性たちの欲望に敏感で、消費文化に浸っていたからこそ、時代の空気を的確に読み、少女マンガとファッションの橋渡しをすることが可能となったのだろう。現実を反映したファッショナブルなマンガという新たなジャンルを切り開くことができたのだろう。それは90年代にファッション誌『CUTiE』を舞台として見事に開花するのである。

## 大人になりたくない女の子たちのあがき

平成が始まった1989年にいよいよ岡崎京子とファッション誌の蜜月が始まった。

> 岡崎と女性ファッション誌の関係性が深まったのも八九年だったといっていいだろう。以前からたびたびコメントなどは寄せていたが、ＪＩＣＣ出版局（現・宝島社）のストリート・ファッション誌『CUTiE』（八八年創刊）にはまだ雑誌ではなく年四回発行のムックだった頃から「ROCK」（八九年二月〜）を描いていたし、『anan』で八九年二月からはじまった四コマ連載「岡崎京子の四コマ好奇心」は、普段マンガ誌を読まない女性層に岡崎を認知させるきっかけとなる。
> （ばるぼら２０１２：83）

その新たな舞台で、１９９０年代初めに岡崎京子が試みたのは、過ぎ去った80年代をフィクションとして記憶に留めることだった。代表作の一つである『東京ガールズブラボー』は、ファッション誌『CUTiE』において90年12月号から92年12月号まで2年の長きにわたって連載された。それは、音楽とオシャレが大好きな80年代宝島少女の姿が固有名詞とともに鮮やかによみがえる傑作である。

> この時期の「元気な女の子」路線は「東京ガールズブラボー」（九〇年一二月〜）が集大成といえるだろう。八〇年代前半のニューウェイヴな青春を謳歌する主人公たちの姿は、かつてあった時代を検証するノンフィクションではなく、当時のムードを凝

縮したフィクションとして描かれ、それゆえに「あの頃」のキラキラした感覚は圧倒的だ。（ばるぼら２０１２：84）

『東京ガールズブラボー』は80年代前半という時代の空気を見事に描ききった作品として高く評価されており、とりわけファッション好きな主人公が登場するだけに、消費社会論の文脈で論じられることが多い。

『東京ガールズブラボー』で謳歌されている最終消費文化、つまり、モノの生産が飽和し、さらには消費の対象までがモノから記号に移り変わった状態を裏から支えているのは、高度成長の極限状態としての「バブル」であり、それが壊れて、九〇年代がその不気味な顔をもたげたのは、冷戦構造が崩壊し、日本がソ連という仮想敵を失い、極東の島国、という地政学的条件とともに世界に投げ出されるのと、ちょうど軌を一にしている。（槻木２０００：50）

そんな不穏な90年代が待ち受けているとは思いもせず、妙齢女子ガールズトークが炸裂する『くちびるから散弾銃』の主人公たちの高校時代という設定で描かれた『東京ガールズブラボー』は、「日本一の洋服おバカ」を自認する金田サカエの物語である。音楽とおしゃれが三度の飯より大好きなニューウェーブ少女サカエは、ママの離婚により北海道から憧れの東京に転校することになった。当時の東京は、今とは比べものにならないぐらいキラキラと輝く大都会であった。

トーキョウ　トーキョウ

サマツな日常に負けず、
強くなりたいと願うロック少女サカエ
（岡崎京子『東京ガールズブラボー』宝島社　2003年）

夢のテクノポリス
ヒステリックシティ

繁栄と消費の帝都
ハイウェイはのびる
サブウェイははしる
電車でGO!!の
スピードシティ

(『東京ガールズブラボー 上』5)

そんな「夢のテクノポリス」に「ホッカイドーのオシャレバカ女といわれた」サカエは乗り込んでいく。期待と希望を胸に新しいクラスメートの前に立ったサカエの第一声はこうだ。

「金田サカエ!!　16才
しゅみはおしゃれと音楽とかいもんです
しょーらいのユメは外人になることです！」

(『東京ガールズブラボー 上』12)

このサカエというキャラクターはもちろん、「お買いもの中毒患者」である岡崎を彷彿とさせる。実際、岡崎はあとがきで「ちなみにサカエの性格は私の性格にそっくしです。体格は違うが。」と述べている。二人の「しゅみはおしゃれと音楽とかいもん」であり、「街をあるいたら、サカモトキョージュやハジメちゃんに逢えるかも…　くすくす悪いわねサッポロのみんな　でもキョージュに逢ったらぬけがけして愛人になっちゃお♡」（『東京ガールズブラボー 上』4）とほくそ笑むサカエは、バーでサカモトキョージュ（坂本龍一）の吸ったタバコをこっそり持ち帰ったという岡崎京子のエピソードに重なる。

そんな「オシャレバカ女」で「東京トンガリキッズ」（中森1987）を地でいくサカエだが、憧れのトーキョウに来たものの、現実の東京はちっとも「夢のテクノポリス」ではない。「きっとみんな　ナウナウでプラスチックに　オシャレで　キメキメなんだわ」と思っていたのに、実際に出会う東京の人は、聖子ちゃんカットのイトコのマユミちゃんを筆頭にちっともファッショナブルではない。

「だっせ～!!　トーキョーの人ってみんなこんなダサイの!?　ナウイ人が一人もいない!!」（7）

学校もおんなじだ。

「つまんない　つまんない　つまんない　一人も気が合って　カワイクて　カッコイイコいないいんだもん
チカちゃんや戸川さんみたく　ステキな人はどこにいるの？」

（『東京ガールズブラボー　上』15）

幻想のトーキョウと現実の東京のギャップに困惑し、しだいに平凡でタイクツな日常に幻滅していくサカエ。クラスメートの女子の嫉妬心からなる嫌がらせにも疲れ果てた彼女は、なんとか自分を励ますために好きなものを列挙していく。

あたしの好きなもの
シュークリーム、エクレア　あんドーナツ、コーヒー
ピンクのぽわぽわのついた手袋　ブルーのミルクのニットのワンピ
こうようする音楽　つきささるようなリズム　青空　それから

（『東京ガールズブラボー　下』40）

スイーツ、ファッション、音楽——自分の好きなもの、ドキドキするものを羅列したうえで、サカエは青空に向かってつぶやくのだ。

強くなりたいなあ
強くなりたいなあ
強く強く強く

（『東京ガールズブラボー　下』40-41）

サカエは何に対して強くなりたいのだろうか。その答えはまだ漠然としている。

日常ってなんてサマツなことばかりなんでしょう？（中略）
でもあたしは負けないぞ
だってあたしは知ってるもん
（よくわかんないけど）

もっと、ちがう何か、空の高みにも似た何かがあることを
それが何って言われても困るけどさ

（『東京ガールズブラボー 下』41－42）

「サマツな日常」に「ドキドキする心」が押しつぶされないように、強くなりたいとサカエは願うのだ。しかし、「空の高みにも似た何か」が何なのか。まだ10代の彼女にはよくわからない。ただはっきりしているのは、「それはとてもワクワクしてドキドキして新鮮で胃が痛いぐらい頭痛がするぐらいカッコ良くて楽しいこと」だということだ。「それはすっげえカッコイイ音楽を聞いたときのような感じ」「そういうことがやりたいの」（『東京ガールズブラボー 下』１０８）とサカエは言う。

だから、日常でイヤなことがあっても「でも負けないんだ」という気持ちを抱き、サカエは夜中にふとん針でピアスを入れたりするのだ。前に進むために。日常に負けずにドキドキするために。ピアスを入れ、おしゃれをして、ライブを聞きに行く。強くなるために。

だが、10代のサカエが持っていたような「ドキドキする気持ち」は、いずれ成熟とともに女の子が失わねばならないとされているものであった。それは、小泉今日子の言葉で言うところの「女の子の心意気」や「少女心」に相当するものではないだろうか。年を重ね

てもいつまでもピカピカに磨いていたいと小泉が願う「少女心」であり、自由に生きる精神ではなかろうか。

意識的に磨き続けなければ、いつのまにか「少女心」は姿を消してしまう。いつしか心に贅肉が付き「誰だって昔は女の子だった」になってしまう。歳月が経てば、「サマツな日常」が否応なく女の子を「大人の女」に仕立てていくからだ。

それは少女小説の世界でも繰り返し描かれてきたことだ。赤毛のアンを筆頭に、活発で型にはまらないタイプの主人公も成長とともに「大人しく」なり、「女らしさ」を身につけていく。「こうやって女の子はスポイルされ、少女時代の快活さを失っていくのだ」（斎藤2021：62）。

そんな、大人の女にならざるをえない女の子たちの抵抗を岡崎が描いたのが、同じくサカエが主人公の『くちびるから散弾銃』である。23歳の女の子たちのガールズトークを延々と描写した作品のテーマは、あとがきで岡崎自身も述べているように、ずばり「大人になりたくない女の子たちのあがき」であった。

主人公の女のコ達について。このコ達の共通点とゆうのは年齢的には立派な大人の女のくせにココロの中で「オトナのオンナって、ヤダな」と思っているところです。

さらには「オトナのオンナになりたくないな」と思っている困ったやつらなのです。本当はもう自分達は十分に「オトナのオンナ」なのに、ね。

彼女達が（そして私が）ヤなのは「昔のオトナのオンナ」のモデルであって、そして今げんざい「今のオトナのオンナ」のモデルは実は、まだない。登場してない。ない。

（『くちびるから散弾銃 2』あとがき）

ここで岡崎が言う「昔のオトナのオンナ」のモデルというのは、一定の年齢になれば妻となり、母となり、否応なく良妻賢母コースを歩まされてしまう生き方だろう。同時に、「少女心」やドキドキする気持ち、そして自由を失ってしまうことを指しているだろう。だから主人公たちは「オトナのオンナ」になりたくなかったのだ。「昔のオトナのオンナ」モデルからなんとか逃れるためにあがいたのだ。

確かに岡崎がこの作品を描いていた80年代後半は、女の人生すごろくの「あがり」はまだ結婚だと考えられていた。男女雇用機会均等法が施行されて間もない頃であり、まだまだ女が結婚や出産から逃れることは難しかった。それ以外の生き方をすることはハードルが高く、せいぜい雑誌『Hanako（ハナコ）』のように「キャリアとケッコンだけじゃ、いや。」と嘯《うそぶ》いてみせるのが関の山だった。現在のように、未婚のまま三十路になろうが不惑を迎えようが「大人女子」「好きに生きてこそ、一生女子！」などと真顔で言える時代ではなかったのだ。もちろん「結婚しなくても幸せになれる時代」でもなかった。そんな「昔のオトナのオンナ」モデルがまかり通っている時代にそこから自由になるにはどうすればいいのだろうか。

　自らも「昔のオトナのオンナ」モデルを否定する岡崎は次のように述べている。

> 　だとしたら？
> 　じぶんじしんで「じぶんのオトナ・オンナライフ」を考えて創ってくしかないです。
> 　そうしないとじぶんが「ヤなオトナ・オンナライフ」送っちゃうもん。そんなの、やだ。
>
> （『くちびるから散弾銃 2』あとがき）

　とはいえ、サカエたちを筆頭に「大人になりたくない女の子たち」は具体的に何をすればいいのだろうか。今も自分の中に残っている「ドキドキする気持ち」や「少女心」といったものをどのように飼い慣らしてゆけばよいのだろうか。それは、もうすぐ30歳を迎えようとする岡崎自身の切なる悩みでもあったのだろう。

体のどこかココロに残る〝ロリータ根性〟や〝ショウジョシュミ〟がときどき、うずくときがあって。ズキズキズキズキと。

（『くちびるから散弾銃』あとがき）

まさに小泉今日子と同じである。小泉今日子の「女の子の心意気」や「少女心」がここでは、「ロリータ根性」や「ショウジョシュミ」という言葉で表現されている。岡崎もまた、ノスタルジーからなる少女性に固執しているわけではないだろう。「ズキズキズキズキ」とうずくような「ロリータ根性」とは、やはり自らが大切にしているものであり、私が私であるために必要不可欠なものではないだろうか。それは、精神の自由であり、自由に生きることへの渇望と言い換えてもよいだろう。

その「うずき」をひっそり抱えたまま、20代後半を経て30代にもなれば、かつての大半の女の子たちは何事もなかったかのように「昔のオトナ・オンナライフ」に突入していったのである。

だが「昔のオトナ・オンナライフ」に馴染めない女の子たちは、どうしたのか。すんなりと妻や母にならなかった、なれなかった女の子たちはどうなったのか。例えば岡崎が描いた『pink』のユミちゃんは、ワニを飼うホテトル嬢になり「シアワセなんて当然じゃない？」と嘯いた。『ヘルタースケルター』のりりこは全身美容整形を繰り返して「そう

よ　あたしはあたしがつくったのよ」と豪語してみせた。

大人になりたくなかったら、「昔のオトナ・オンナライフ」を送りたくなかったら、その道を踏み外せばいい。そこから落ちればいい。駄目になればいい。それが、岡崎が描こうとした「女の子の落ちかた」であり、「別のありかた」の可能性である。

一人の女の子の落ちかた。
一人の女の子の駄目になりかた。
それは別のありかたとして全てが同じ私たちの。

（『ぼくたちは何だかすべて忘れてしまうね』１０６）

水《み》無田《なした》気《き》流《りう》はそれを「女の子の堕落権」と呼んだ。

岡崎京子の描く女の子は、いつだって、全力で女の子の堕落権のために戦っている。
それは平穏で平坦な表の世界の欺瞞を飛び越える、究極の自由権だ。

（水無田気流２０１５年３月２日付京都新聞朝刊）

「ロリータ根性」や「少女心」を持ったまま強く生きていくことが難しかった時代に、岡崎京子は現実と対峙し、「大人になりたくない」と必死に抵抗する女の子たちの姿を描いた。自分の好きなように生きることを願い、自由を選び取ろうとする女の子たちの姿を描き続けた。それが「一人の女の子の落ちかた。」「一人の女の子の駄目になりかた。」となって現われたのだ。

少女の心を持ったまま大人になれるとは誰もが思っていなかった。男女雇用機会均等法が施行されたとはいえ、女性が一人で生きていくのは困難であり、永遠の少女の自立はまだまだ難しかった。岡崎が精力的に活動していた80年代後半から90年代半ばはそんな時代だった。今の「オトナのオンナ」モデルが現われるにはもう少し時間が必要だったのだ。

## 永遠の少女の自立――エンパワメントとシスターフッド

このように80年代後半から90年代にかけて、岡崎京子は「今のオトナのオンナモデル」を模索しながら「大人になりたくない女の子たちのあがき」を描き続けた。それが『くちびるから散弾銃』や『東京ガールズブラボー』のサカエらの形をとり、高度消費社会を生き抜く「強くなりたい」と願う女の子を生み出した。

きっと、サカエたちが30代、40代を迎える頃には「昔のオトナのオンナ」モデルとは異なる「今のオトナのオンナ」モデルが登場しているだろう。それは岡崎の切なる願いであると同時に予言でもあったのだ。

その予言は見事に的中した。21世紀を目前に控えた１９９９年、「28歳、一生〝女の子〟宣言！」を謳う雑誌『sweet』が宝島社から創刊される。28歳という常識を求められる年齢の女性たちに向けた「一生〝女の子〟宣言！」、それはまさに新たな「オトナのオンナモデル」の萌芽を感じさせるものだった。２００３年には小泉今日子を起用した、今までの30代女性のイメージを覆す雑誌『InRed』が、２０１０年には40代女性のための『ＧＬＯＷ』がそれぞれ創刊された。従来の成熟した30代、40代女性像とは異なる30代女子、40代女子いわゆる「大人女子」がファッション誌を中心に広まっていったのだ。しかもそれは、ファッション面での自由に留まらず、「好きに生きてこそ、一生女子！」を合い言葉に、年齢を重ねても、自分の好きな服を着ることは好きに生きること、自由な人生を選択することにつながるという主張につながっていくのである。

こうして、岡崎京子の「ロリータ根性」と小泉今日子の「少女心」が見事に結合し、30代や40代という十分に大人の年齢になっても「ロリータ根性」や「少女心」を保ち続ける「今のオトナのオンナ」モデル＝「大人女子」が誕生した。少女時代の願望や自由を抑圧しない女性。妻でも母でもない、30代40代女性。たとえ、妻や母であっても個としての私を優先する女性。良妻賢母規範にとらわれることなく、結婚や出産を要請される従来の「大人の女性」というライフコースを軽やかに踏み外す女性の生き方、そんな「新たなオトナ・オンナライフ」がようやく具現化されたのである。

> 岡崎さんの作品はカルチャーではなくフェノミナ（現象）だった。たくさんの少女たちに、少女であることのしたたかさと辛さと勇気と愛を与えた。そして永遠の少女の自立という矛盾に満ちた現象は、いまや日本にとって自明の理になった。
>
> （『戦場のガールズ・ライフ』手塚眞：73）

そう、フェノミナとしての岡崎京子の作品は、21世紀になって「大人女子」という「今のオトナのオンナモデル」に結実していくのだ。岡崎京子がずっと描き続けた「女の子の落ちかた」は２０００年以降に宝島社が提唱した「大人女子」としてわかりやすいかたちで具現化され、「永遠の少女の自立」が自明のこととなったのである。

それはドキドキする気持ちを保ったまま大人になったサカエの姿であり、「少女心」を持ったまま大人になった宝島少女の姿だろう。岡崎が『東京ガールズブラボー』を連載していた『CUTiE』の版元である宝島社から四半世紀後に「大人女子」が提唱されたのも、当然の成り行きである。

> 1989年に「ストリートファッション」誌として誕生し、世の中に小さな衝撃を与えたCUTiE。
>
> それまで「おしゃれ」が異性だったり、大人だったり、世間だったり、ほかの誰かのために、「可愛く見える」「いい子」に見えるという基準だったものを、「自分のため」「自分が楽しくなるために」変えてみようというメッセージが強烈だったからでした。（中略）
>
> この25年以上で、おしゃれが「自分のための自由な楽しみや表現」ということも当たり前になりました。
>
> 「ほかの人の視線のために服を選ぶ」＝コンサバティブな世界に対して、自由で革新的で創造的な世界を求めたCUTiEは十二分に役割を果たしました。
>
> （「CUTiE休刊のお知らせ」宝島チャンネル）

「自由で革新的で創造的な世界」とはまさに「今のオトナのオンナ」モデルが切に望んだ

ものだろう。そして、岡崎京子が『東京ガールズブラボー』をはじめとする作品で描き続けた「ドキドキする気持ち」の根源だろう。

10代の頃に岡崎の作品を読んで影響を受けた世代が、30代、40代となり、ごく自然に新たな「オトナのオンナ」モデルである「大人女子」を希求したとしても不思議ではない。いくつになっても好きな服を着て、好きなように生きたいと願うのも当然だ。

こうして、２０００年代以降、30代、40代女性のイメージは一新された。もう40代は今までの40代ではない。人生の後半戦、下り坂でもない。小泉今日子、ＹＯＵといった「大人女子」の代表選手たちが、未婚既婚にとらわれない、妻でも母でもない「新たなオトナのオンナ」モデルを宝島社の雑誌を舞台に表現していた。80年代後半から90年代にかけて岡崎京子が蒔いた「今のオトナのオンナ」モデルの種が、２０００年代以降に小泉今日子によって「大人女子」という花を咲かせたのだ。

マンガ評論家の大塚英志は言う。「岡崎京子の後に来た人たちは『岡崎京子のように』生きればよかった。けれど、岡崎たちは誰のように生きればよかったのか。そのことが後から来た者には見えない。」（『戦場のガールズ・ライフ』大塚英志：63）と。

確かに今の40代は岡崎京子が切り開いた「新たなオトナ・オンナライフ」の道を歩くことができる。少し先で、小泉今日子やＹＯＵが待っていてくれる。その意味では、岡崎京子が「今のオトナのオンナ」モデルはまだないと模索しながら作品を描いていた頃より、ポスト「大人女子」の世を生きる女性たちは、自由に生きられるようになったと言えるだろう。けれど、自由になっただけ、ライフコースの選択肢が増えただけ、悩みも複雑になったのではないだろうか。

妻や母になっても私は私。妻にも母にもなってないけど私は私。これでよかったのだろうか。間違っていなかったのだろうか。他に選ぶべき道があったのではないか。女性たちの悩みは尽きることはない。なぜなら、女性たちの意識や生き方は変わったけれども、女性たちを取り巻く環境は、四半世紀前とそれほど大きくは変わっていないからだ。以前に比べて、少しは声を上げられるようになったけれども、まだまだ大きな声を上げることは難しいからだ。相も変わらず社会的に「わきまえる」ことを求められるからだ。

現在でも岡崎京子が読まれ続けているのは、日本の女の子の人生の幸福と不幸と困難さと退屈さについて徹底的に対峙し続けたマンガ家であるからではないだろうか。サマツな日常に押しつぶされそうになりながらも、自由を求めて抗い続ける女の子を描き続けたからではないか。よって、その作品は「強くなりたい」と願う私たちをいつも後押ししてくれる。「前を向いて絶望する勇気」（『戦場のガールズ・ライフ』夏目房之助：３３１）を与えてくれるのだ。

京子さんはいつも楽しいことを見つめている。心が折れるどころか裂けてしまうようなことがあっても、どんな状況でも、クールで美しくいることはできる、げらげら笑うこともできる。それは勝利なのだということを描いている。そうか、それでいいんだ、と私たちはみんな思ったし、励まされた。女性が生きるのが困難な昨今、その力はまだまだ私たちを支え続ける。

（『戦場のガールズ・ライフ』よしもとばなな：15）

誰よりも時代の空気に敏感でおしゃれ好きだった岡崎京子はどんな状況でも、クールで美しくいようとするヒロインたちを描いた。買い物、おしゃれ、美容、そういった「取るに足りない」とされるものが「ドラッグレス・ドラッグ」でありながらも、女性たちを救う可能性があることを知っていたからだ。岡崎京子は自らの体験に基づくエンパワメントとしてのファッションの力、装うことの力を描いたと言える。

そしてもう一つ、「げらげら笑うこともできる」という「女の子同士のおしゃべり」も岡崎作品にとって欠かせない要素であった。

**しまお**　『くちびるから散弾銃』での女の子のおしゃべりは、自分も会話に加わっているような気分でした。「このおしゃべりが幸せなんだ」と思えることで、自分の日常の風景もすごく輝いて見える。女の人でよかったのかもしれないと読んでいて思いましたね。

(『戦場のガールズ・ライフ』安野モヨコ・桜沢エリカ・しまおまほ：256)

近年、シスターフッドが注目を集めている。強く結ばれた女性同士の連帯を指す言葉としてフェミニズムの世界では長らく使われてきたが、ここへきて#MeToo運動などへの関心の高まりとともにシスターフッドは映画、小説、マンガ、ファッション誌などさまざまな分野で広がりを見せている。

この女性同士の連帯、シスターフッドの重要性をいち早く描いていたのが岡崎京子ではなかったか。

私達は　いつまで歩いて　いられるでしょう？(中略)
ただ私は女ともだちと歩く
こんな日曜が
割合とすきなのでした

(「ウォーキン・オン・サンデー」17－18)

じゃ　とりあえず　今日は　あたしたちが腕くんであげる　（『くちびるから散弾銃』２２０）

どんなに困難な状況に陥ったとしても、クールに装いながら、げらげら笑いながら、私たちは強く生きていく。「ロリータ根性」や「少女心」を抱きながら。一生ガールズブラボー！　やっぱり、女でよかったのかもしれないと思いながら。

　伝統的な少女マンガが「私の居場所はどこにあるの？」（藤本２００８）と問い続け、最終的には「君の居場所はここだよ」と運命の男《ひと》に承認されるロマンティックラブ・イデオロギーを描いていたのに対し、少女マンガの世界に居場所がなかった岡崎京子は、たとえ居場所がなかったとしても、おしゃれとガールズトークがあれば大丈夫と答えた。運命の男《ひと》に「そのままの君でいいよ」などと言ってもらわなくても、なんとかなるということを、げらげら笑いながら女性たちは結構「幸せ」に生きていけることを、それこそが自由であることを岡崎作品は示唆していたのではないか。

　おしゃれとガールズトークさえあれば。「40代女子」を掲げたファッション誌『ＧＬＯＷ』創刊号が、小泉今日子とＹＯＵという仲の良い二人を表紙モデルに起用したのもそのような理由からだろう。「好きに生きてこそ、一生女子！」とは、高らかな「一生ガールズブラボー宣言」だったのである。

第3章

# 少女たちはどう生きるか

## ――80年代少女と自立

## オリーブ少女と宝島少女

80年代から90年代にかけて岡崎京子が追い求めた「今のオトナのオンナモデル」は、どのようにして具現化されていったのか。どのような経緯を経て、女性たちは「永遠の少女の自立」を、「自由で革新的な世界」を目指すに至ったのか。まずは、リアルなサカエがいた80年代の女子をめぐる文化的、社会的状況を当時の雑誌、特にファッション誌を通して見ていくこととしよう。

70年代に礎《いしずえ》が築かれた日本のファッション誌は80年代に大きく発展を遂げた。種類が豊富になっただけでなく、ターゲットもコンテンツも細分化が進み、女性たちにとって欠かせないメディアになっていく。すでに70年代のアンノン族のように、雑誌が一つの風俗を作り出し、社会現象となるのは自明のことになっていたが、「アンノン族」が『アンアン』『ノンノ』という二誌を区別せずファッション誌に影響を受けた若い女性という括りだったのに対し、80年代以降は、各雑誌の生み出す読者像が一つのトライブを形成し、社会的に認知されていくようになる。

例えば「ＪＪガール」「オリーブ少女」などは、雑誌の域を超えて幅広く使用され、たとえその雑誌が休刊になったとしてもその名は風俗史、ファッション史において今なお燦然と輝いている。

ここでは、80年代の少女たちに大きな影響を与えたファッション誌『オリーブ』とサブカルチャー誌として絶大な人気を誇っていた『宝島』を取り上げ、それぞれの読者であるオリーブ少女、宝島少女像を通して当時の少女たちの意識を探っていく。

ＳＮＳが台頭し、紙からデジタルへの流れが止まらない今となっては、ファッション誌が女性たちの人生を左右していたことなど考えられないかもしれない。だが、20世紀の後半から21世紀の初頭まで、およそ半世紀にわたってファッション誌は女性たちのファッションだけでなく、ライフスタイル、生き方に深く関わってきた。

とりわけ80年代は、新たな雑誌が次々と創刊され、まさに百花繚乱の様相を呈していた。そのなかにあっても70年代に創刊された『アンアン』と『ＪＪ』は双璧であり、ファッションやセンスの違いはあるものの、ともに強い影響力を誇り、それぞれが「派閥」と呼べるほどの一大勢力となっていた。アヴァンギャルドなＤＣブランド派の『アンアン』とコンサバティブなニュートラ派の『ＪＪ』。そのファッションの差異はそのまま革新か保守かという生き方の違いにまで直結していた。自立する女か結婚する女か。キャリアウーマンか専業主婦か。カリアゲショートとワンレンロングを両立することができないように、どちらかの選択を迫られた80年代。カリアゲかワンレンか、それは今後の人生につながる大問題であった。

　そんな80年代前半にカリアゲ自立派『アンアン』の流れを汲みながらも、「ポパイ少年」の彼女としてマガジンハウス（当時は平凡出版）に誕生したのが伝説のファッション誌『オリーブ』である。82年に創刊された『オリーブ』は、シティ・ボーイ派の『ポパイ』のように当初はアメリカ西海岸のスタイルをお手本とし、ファッションもアメリカン・カジュアルを標榜していた。しかしこの路線はあまり支持されず、早くも83年にターゲットを女子大生から女子高生に鞍替えして「リセエンヌ」をコンセプトにリニューアルされる。ここから『オリーブ』の快進撃が始まるのである。

「83年～87年、ティーンズの女の子たちは皆『オリーブ少女』になった」（アクロス編集室１９９５：２０６）と言わしめた新生『オリーブ』は、それまでの少女向けファッション誌とは明らかに異なっていた。そこには老舗の『mc Sister（エムシーシスター）』や『セブンティーン』を寄せ付けない独自のファッションセンスに基づく世界観が展開されていたからである。

> この雑誌の物語の主人公になりたい。
> 13の時、初めて「オリーブ」を読んで、そんな風に思った。
> ここに載っている服が着たい、欲しいというよりもずっと強い気持ちで。雑誌の中で「オリーブ少女」と呼ばれているような女の子になりたかった。　（山崎2014：10）

1970年生まれの山崎まどかは著書『オリーブ少女ライフ』（2014）の冒頭でこのように当時を述懐する。『オリーブ少女ライフ』は、中学2年生だった山崎の『オリーブ』との出会いから、高校3年生で『オリーブ』を卒業するまでの回想録である。山崎が読んでいたのは80年代全盛期の『オリーブ』であり、「ティーンズの女の子たちは皆オリーブ少女になった」時期とぴったり重なっている。アメリカ西海岸からヨーロッパ、しかもパリにテイストをがらりと変えた新生『オリーブ』に付けられたキャッチフレーズは、「Magazine for Romantic Girls」であった（アクロス編集室1995：206）。80年代の日本の少女たちに「この物語の主人公になりたい」と思わせるには、遥か遠くフランスのパリに住む女子高生「リセエンヌ」をコンセプトにせねばならなかったのだ。

　今の女子高生ならば、いきなり、おしゃれライバルをリセエンヌに設定し、「リセエンヌにはまけないよ！」（86年11月3日号）と言われても戸惑うだろう。しかし、そこはインターネットもSNSもない80年代である。当時の雑誌には読者をその世界に引き込み、啓蒙するだけの力が十分に備わっていた。まさに雑誌は正義だったのである。『オリーブ』に載っているから、『アンアン』が選んだから「おしゃれ」なのだ。アニエス・ベーの服やカフェオレボウルだけでなく、スタイリストという職業やチープシックという概念まで、80年代の日本の少女たちに『オリーブ』が教えたものは数知れない。

　雑誌の登場人物も同様である。『オリーブ』に許された人しか、誌面に登場することはできない。表紙はもちろん、ファッションページは、パリのリセエンヌをイメージさせる欧米系の白人モデルで占められていた。ロマンティックな異国の物語を届けるには、たとえ世界に誇るメイドインジャパンのDCブランドであっても、それが「洋服」である限り、着るのは「白人」でなければならなかったのだ。

　しかしながら、メイン読者である女子中高生のために、『オリーブ』は白人モデルだけでなく、日本の人気アイドルも時折誌面に登場させた。ファッション誌の表紙を競うようにアイドルが飾る現在とは異なり、80年代のファッション誌にアイドルが登場することは稀であった。第1章でも述べたように、当時のアイドルの衣装と流行のファッションとの間には大きな隔たりがあり、端的に言えばアイドルはおしゃれとは別の次元に存在していたからだ。

　とはいえ、『オリーブ』のアイドル特集には、DCブランドを着た当時の人気アイドルたちが集結していた。その中で、当初から際立っていたのが小泉今日子である。84年8月3日号の「アイドルだってオリーブ少女です。」という特集では、菊池桃子ら10人のアイ

80年代半ば、ティーンズの女の子たちはみなオリーブ少女になった（『オリーブ』マガジンハウス　1985年9月3日号）

ドルが誌面に登場しているが、小泉今日子はそこでもトップに取り上げられている。オリーブ・ファッションに身を包み、ぎこちなくポーズを決めているアイドルたちの中で、小泉今日子だけは、そのオリーブ・ファッションを見事に着こなしている。個性的な服に着られていないのだ。それは彼女の髪型によるところも大きい。84年といえば、まさに事務所の方針に嫌気がさした小泉今日子が、聖子ちゃんカットからカリアゲショートへと変貌を遂げた年である。

その大胆なイメージチェンジに『オリーブ』も注目した。「オリーブ少女の髪型《ヘアスタイル》はショート・カットにきめた！」というコピーが印象的なヘアスタイル特集（84年10月3日号）では、「彼女が、もしショートに／しなかったら……？／ありがとうキョンキョン」というキャプションとともに小泉今日子の写真が掲載されている。同年11月3日号の「オリーブ少女のプライベート時間、１００人に質問！」というコーナーの「好きなアイドルは？」の項目でも、小泉今日子だけが女性アイドルで名前を挙げられている。

さらに85年から『オリーブ』の編集長になった淀川美代子は、夏のアイドル特集（85年8月3日号）で男女の着せ替え人形を付録に付けた。男性はチェッカーズの藤井フミヤ、女性は小泉今日子である。この時点で、小泉今日子はオリーブのお墨付き「おしゃれアイドル」としての地位を確立していたと言ってよい。

カリアゲショートでＤＣブランドにも負けない個性を持ったおしゃれアイドル「キョンキョン」、それは男の子の視線を意識するよりも自分の好きなおしゃれを追求する『オリーブ』の編集方針にも合致していた。だからこそ、オリーブ少女の髪型《ヘアスタイル》は、流行りのワンレングスではなく、「ショート・カットにきめた！」なのである。男の子受けを狙ったロングヘアよりも自分がしたいショート・カット。ファッション誌の編集長も男性が主流だった時代に、淀川は女性編集長として10代のオリーブ少女たちに、誰かのためではなく自分の好きなおしゃれをすることと、誰かに頼って生きるのではなく自分の足で立つことの重要性を伝えていった。

　モデル、スタイリスト、デザイナー、編集者、コピーライター、作家……。80年代に入り、衣服や言葉を武器に「私」を表現する女性たちが注目を集めていた。83年にはまだ「お嫁さんに行く日のために。」（83年11月3日号）という特集を組んでいた『オリーブ』も、85年になると「オリーブ少女の職業案内。」（85年1月3日・19日号）を掲載するに至る。将来は結婚だけでなく仕事をしたい。オリーブ少女たちにキャリア意識が芽生えた１９８５年は、男女雇用機会均等法が制定された記念すべき年であった。

　一方、80年代の少女たちに絶大な影響力を誇った『オリーブ』とは対照的に、宝島少女を生み出した『宝島』は、むしろ限られた少女たちに熱狂的に支持された雑誌だった。そもそも『宝島』はサブカルチャー誌であり、80年代は特に音楽情報誌の役割も果たしていた。ファッション関連の記事も掲載されてはいたもののその割合は少なく、女性向けのファッション誌という位置づけではなかった。だが、当時人気が高かった女性ロックバンドＺＥＬＤＡや戸川純などを特集することで、『東京ガールズブラボー』のサカエのようにロックやニューウェーブなどの音楽好きでファッション感度も高い少女たちに愛読されていた。そんな彼女たち「宝島少女」は、あくまでも少数派であり、先鋭的なものを好む「トンガリキッズ」（中森１９８７）としての自負心も持ち合わせていたと言えるだろう。

すなわち、80年代の『オリーブ』は女性編集長のもと、型にはまらないファッションや自由な生き方や自立することの大切さを伝えていたが、すでにマジョリティの女子高生を含む幅広い読者層となっていたため、提唱されていたコンセプトや精神がすべてのオリーブ少女たちに共有されていたとは言えない。

それに対して『宝島』はのちに社名になるほど一時代を築いた雑誌であったが、コンテンツのすべてにおいて趣味性が高く、むろん最初から女子高生をターゲットとしていたわけではなかった。その『宝島』をわざわざ愛読する宝島少女はあくまでもマジョリティとは一線を画しており、『宝島』が打ち出すロックな思想にも共鳴していたと思われる。

多数派のオリーブ少女と少数派の宝島少女。ロマンティックなかわいらしさを志向するオリーブ少女に対し、あくまでもニューウェーブでロックな宝島少女。それはもちろん、ファッションや音楽の好みだけに留まらず将来の生き方の違いにまで結びついていくことになる。

## オリーブ少女の葛藤——リセエンヌと附属校カルチャーの狭間で

このように、80年代リセエンヌ全盛期の『オリーブ』は、作り手側の意識としてはあくまでも「カリアゲ自立」派として、個性的なファッションと同じく、攻めの姿勢を打ち出していたが、受け手であるオリーブ少女たちすべてがその姿勢に賛同していたわけではなかった。

何しろ当時は、「ティーンズの女の子たちは皆『オリーブ少女』（アクロス編集室1995：206）になった」時代であり、一口にオリーブ少女と言っても雑誌のイメージや解釈は読者によってずいぶん異なるからだ。

私が「オリーブ」を読んでいた時期は、違った。私のように学校では変わり者の女の子も、人気者のグループも、洋服や素敵なことに関心がある子はみんな「オリーブ

> 少女」だった。八〇年代の「オリーブ」は、少女だった頃の自分を映す鏡のようなものだ。学校で所属していたグループや、住んでいた街、当時の趣味で「オリーブ」という雑誌のイメージは大きく変わる。あの頃の「オリーブ」はね、と同世代の誰かが言う時は、十代の時の自分について語っているのだ。「オリーブ」は個人の少女期と親密に結びついている。
>
> （山崎２０１４：１３８-１３９）

したがって、単なる私語りの「オリーブ論」に陥るのを避けるために、酒井順子は著書『オリーブの罠』（２０１４）において、自分とは異なる立場の元オリーブ少女たちのインタビューを合間に挟んでいる。『オリーブ』でのかつての酒井の連載をもじり、「マーガレット酒井先生の元オリーブ少女の面接時間」として、「トンビに襲われた三陸オリーブ少女」や「九〇年代オリーブ少女」を登場させる。しかし、その中でも立教女学院出身のマーガレット酒井先生が自らのオリーブ少女時代を投影しているのは、「意外にモテなかった慶應オリーブ少女」であろう。それは、酒井が『オリーブの罠』の中でまるまる一章を割き、「『オリーブ』と格差社会」と題して附属校カルチャーを入念に論じていることからも窺える。

附属校カルチャーとは、主に都内の私立大学の附属校に通う高校生のファッションやライフスタイルを指しているが、立教女学院に通っていた酒井にとって、『オリーブ』とは、リセエンヌやファッションよりも、まず自分たちに身近な附属校カルチャーを伝える雑誌であったようだ。

> 大人になって『オリーブ』を読み返して改めて思うのは、「『オリーブ』は、ファッション誌であった」ということです。
> それがファッション誌であることは、もちろん当時から理解していました。が、これほどまで熱く真剣に、ファッションのことを伝道する雑誌だったとは。
> （酒井2014：122）

もちろん、『オリーブ』にとっても、附属校カルチャーは切り離せないものであった。例えば、「制服のない学校だから、おしゃれ。」（84年4月3日号）は、酒井が通っていた立教女学院などを想定した特集だろう。しかしこのような特集は例外であり、ほとんどの号では、読者モデルの占める割合も決して大きくなかった。リセエンヌや小泉今日子が登場するグラビアページの合間に、時折挟み込まれる読者モデルの女子高生やそのボーイフレンドたち。それは、リアルな附属校カルチャーの姿を伝えるものだったが、リセエンヌ的世界観からすればノイズでしかなかったようだ。「十代の私にとって、『オリーブ』の誌面に載っている男の子は正直、雑誌のファンタジーを壊す邪魔な存在だった」（２０１４：76）と山崎まどかも述べているように。そもそも附属校カルチャーがメインの雑誌であれば、社会現象になるほど広範囲の読者を獲得することはなかっただろう。

その頃、代官山に住んでいた私〔淀川〕は、静かな中にも、少しざわめき始めた代官山に惹かれて、ある号で代官山特集を企画しました。発売の週の週末の昼頃、住まいだった八幡通り沿いのアパートを出たとたんに『オリーブ』を持っている少女に出会いました。『オリーブ』をカゴにいれたり、脇に抱えたり、かわいい少女たちが、次から次へと代官山駅から歩いてくるんです。「おっ〜これは……」と思いながらヒルサイドテラスあたりまで散策し始めたら、大げさでなく『オリーブ』を持った少女だらけ！感動で胸が熱くなり涙がでるほどでした。

（『ＧＩＮＺＡ』２０１５年４月号別冊付録「おとなのオリーブ」）

淀川編集長が回顧するように、80年代の半ばには、『オリーブ』を手にした少女たちが、リセエンヌ・ファッションを纏い代官山や原宿といった街を闊歩するようになった。オリーブ少女はファッション誌の枠組みを超えた一つの社会現象になったのだ。

　このように、80年代のオリーブ少女を語る時に欠かせないのが、そのファッション性の高さだが、それは80年代という時代性とも深く関わっている。『アンアン』の創刊から10年の時を経て、日本の若い女性たちもますます個性的でファッショナブルなプレタポルテを欲していた。時代はバブルに向かい、追い風が吹いていた。そんな時に登場したのが、川久保玲のコム・デ・ギャルソンや山本耀司のワイズを筆頭とする個性的で前衛的なＤＣブランド服である。黒、ぼろルック、アシンメトリー……今までの常識を覆すＤＣブランドの服は、差異化を求める人々の感性を刺激し、あっという間に世の中を席巻していく。『アンアン』はその先兵となり、ＤＣブランドの普及に大きな役割を果たしたが、妹分である『オリーブ』もまた、10代の少女たちにＤＣブランドを喧伝していった。

　「この秋、大好きブランドからなに選ぶ?」（１９８４年9月18日号）

　「憧れのデザイナーがオリーブ少女につくってくれた服!」（１９８５年6月3日号）

　80年代半ばの『オリーブ』の表紙には、ブランドやデザイナーという言葉が躍る。ファストファッションなどなかった時代、『オリーブ』は高価格なＤＣブランド少女服を実際に着るはずのないパリのリセエンヌに着せ、さらに詩的な言葉で彩ることによって日本のオリーブ少女の憧れを喚起した。それがパリから届く「リセエンヌ特集」であり、広告に見えない広告ページの実態でもあった。とはいえ、『オリーブ』のグラビア写真は作品としても十分に魅力的だった。広告であろうとなかろうと観る者を一瞬にしてその世界に引き込む『オリーブ』の魅惑的なファッション写真。魔法をかけられたかのように輝くＤＣブランドの洋服たち。

　山崎まどかはそれを「おとぎ話の中にだけ出てくるお姫様のドレス」と呼んだ。しかし、『オリーブ』の世界観よりも附属校カルチャーに浸かっていた酒井順子にとって、それは「コスプレおめかし」にすぎなかった。なぜなら、80年代のオリーブ・ファッションは実際のところ、非常に個性的であり、それこそアヴァンギャルドなものも多かったからだ。ビッグ・シルエット、重ね着、色や柄のミックス、古着とＤＣブランドの組み合わせ。少女服のロマンティックなかわいさだけではなく、常に個性的・前衛的であろうとしたオリーブ・ファッションの精神は、それから30年を経て刊行された「おとなのオリーブ」にも見て取れる。

## 誰かにあてがわれたものって、愛おしい？

世間から差し出されたことって、面白い？
「みんなが右に行くなら、左に行こうかな？」
そんなふうに、少しばかりひねくれて。
かわいいんだけれど、ちょっと不思議、
ロマンティックなのにアヴァンギャルド。
ぎりぎりのバランスで見つける「あ、これ好き」
その瞬間、とびきりのおしゃれが生まれた。
（『ＧＩＮＺＡ』２０１５年4月号別冊付録「おとなのオリーブ」）

当然のことながら、「みんなが右に行くなら、左に行く」という『オリーブ』の反骨精神は、基本的にコンサバティブな附属校カルチャーとは相容れないものであった。80年代の『オリーブ』では、慶應女子高や立教女学院、成城学園などの附属校に通う高校生たちが読者モデルとしてしばしば誌面に登場し、ＤＣブランドを着たり、髪を切ったりしていた。時には、ボーイフレンドや行きつけのお店など等身大のライフスタイルを披露することもあった。

附属校読者モデルの起用は、アイドル特集と同じく、リセエンヌとＤＣブランドだけでは、日本の高校生にとって距離感がありすぎると考えた『オリーブ』が採った戦略だった。とはいえ、酒井が強調するほど、附属校カルチャーがリセエンヌに匹敵する80年代『オリーブ』の主要コンテンツだったとは言いがたい。確かに、『オリーブ』が理想的な読者として想定していたのは、2万円のDCブランドのセーターを買えるような、附属校に通うアッパーミドルクラスの少女たちだろう。しかし、80年代半ばの『オリーブ』が附属校読者モデルたちの間で流行し始めていた、後に渋カジと呼ばれることになるスタイルを前面に出して特集することはなかった。『ＪＪ』のような読者モデル主導型の雑誌のように、読者の着こなしに基づいて流行を作り上げていくのではない。『オリーブ』の場合はまず、「リセエンヌ」というイメージコンセプトがあり、それを日本の少女に当てはめるために、読者モデルが起用されていた。

　その代表的な読者モデルとして白羽の矢が立てられたのが、83年当時、成城学園に通う中学2年生だった栗尾美恵子さん（14歳）だった。後に横綱若乃花夫人として知られるようになる栗尾さんは、まだあどけない通学姿のスナップ写真で『オリーブ』に初登場した。

　その後、栗尾さんは、件《くだん》のショート・カット特集号で、読者代表としてロングヘアをばっさり切る。まるで『ローマの休日』のオードリー・ヘップバーンのように、栗尾さんは、オリーブ少女の間にショート・カット旋風を巻き起こした。リセエンヌやキョンキョンにはなれなくても、栗尾さんの真似ならできる。多くの読者に支持された栗尾さんは、成城学園高校を卒業する87年頃まで、オリーブ少女代表として、ファッションやメイクページの中心的な読者モデルとして活躍することになる。

酒井順子は「栗尾美恵子さんとは、『リセエンヌカルチャー』と、『附属校カルチャー』をつなげる役割を果たした存在である」（酒井２０１４：１０７）と指摘している。確かにリセエンヌ的世界観と附属校カルチャーには落差がありすぎた。

> 私も、「リセと慶應女子高のノリ、は明らかに違うよね……」と思っていましたが、しかし自らも私立大学附属高校に通っていた身としては、「附属校系おしゃれ」のページは、正直に申し上げて、「リセエンヌおしゃれ」のページよりもずっと、楽しみだった。（酒井２０１４：92）

この酒井のように、附属校カルチャーへの思い入れが強い読者もいれば、山崎まどかのようにむしろ「邪魔な存在」だと感じている読者もいた。したがって、まるで水と油のようなコンテンツを中和するために投入されたのが栗尾さんだった。栗尾さんは、『オリーブ』が紡ぎ出すロマンティックな夢物語と女子高生の現実を、アヴァンギャルドとコンサバティブをつなぎ、万人向けの雑誌にするための存在だったのである。

ともあれ、栗尾さんの起用が功を奏し、80年代の『オリーブ』は、マイノリティからマジョリティまで、リセエンヌになりたいアヴァンギャルド少女からコンサバティブな附属校ガールまで幅広いタイプの少女たちを虜にする唯一無二の雑誌となった。

## 宝島少女と小泉今日子

さて、再びキョンキョンに話を戻そう。80年代半ばの小泉今日子は『オリーブ』のおしゃれアイドルとして、読者たちの憧れを喚起する存在になっていた。とはいえ、一部の読者はキョンキョンのようにカリアゲショートも辞さない先鋭的なオリーブ少女だったかもしれないが、読者の大多数は、キョンキョンのカリアゲショートに刺激を受けても、実際に真似するなら栗尾さんのショートであった。

結局のところ、「みんなが右に行くなら、左に行く」という『オリーブ』の攻めの姿勢は、栗尾さんや附属校カルチャーのオブラートに包まれていくうちに変容する。「ロマンティックなのにアヴァンギャルド」であったはずのものが、しだいに「ロマンティック」なだけのものになってしまう。もともとの『オリーブ』が持っていたはずの攻めの姿勢が失われてしまうのだ。カリアゲショートに触発されても結局はただのかわいいショートになってしまうように。

よって、従来のアイドル像を打ち破り、「ものを言うアイドル」となっていた80年代半ば以降の小泉今日子にとってより相応しかったのは、ファッション誌『オリーブ』よりもサブカルチャー誌『宝島』であったのではないだろうか。

後に社名になるほど看板雑誌となった『宝島』は1974年に創刊された。もともと日本版『ローリングストーン』となる予定だったため、当初から音楽とカルチャーを中心に据えていたが、創刊間もない70年代はアンダーグラウンド色が強かった。80年代に入ると編集方針を変更し、YMO、忌野清志郎、戸川純など当時人気が高かったミュージシャンも好んで取り上げるようになり、パンクやとりわけニューウェーブと呼ばれた音楽やファッションなどのカルチャーを繰り返し特集するようになった。85年には前頁がカラーグラビアとなり、中森明夫の小説『東京トンガリキッズ』（1987）の連載も開始された。まさに『宝島』は80年代におけるニューウェーブ文化のバイブルとなったのだ。

岡崎京子も魅了された80年代的ニューウェーブとは何か。そのスタイルを一言で表すのは難しいが敢えて言うならば、次のような説明が相応しいだろう。

> NW〔ニューウェーブ：引用者註〕は高度成長期からオイルショックを経て、成熟した社会の只中で育った新人類世代に共通する、ある価値観を象徴するスタイルでもあった。一時期この世代の代表者であったミュージシャン戸川純は「我一塊の肉塊なり」（「諦念プシガンガ」）と歌ったが、そこには自らも相対化した価値観の上で、「最終的には自分だけ、自分の好き嫌いがすべて」という開き直った超・個人主義が見え隠れしている。彼ら――単独行動が目立ち、群れて行動することを嫌っていたNWの若者たち――は、「前衛」文化が好きな「トンガったぼく（わたし）」というアイデンティティのありようが成立しえた最後の時代を背景に、「他人との違い＝差異」こそが重要だという時代精神の申し子でもあった。
>
> （アクロス編集室１９９５：１９２）

「自分の好き嫌いがすべて」という個人主義は、田中康夫が描いたブランドで差異化する「クリスタル族」にも見て取れるものだが、ニューウェーブはより前衛的、よりマイナーで先鋭的な文化を愛した。中森明夫の小説『東京トンガリキッズ』に描かれたような、「人とは違う」鋭い感受性や音楽、ファッションへの志向を持つ若者たちである。その中には、『オリーブ』の世界だけでは満足できないエッジイな感性を持つトンガリ少女たちも存在した。彼女たちはある意味、オリーブ少女以上にファッションへのこだわりを持っており、個性的でありたいという差異化への欲求はオリーブ少女よりもずっと強かった。『オリーブ』の、時にはアイドルを特集してしまうような大衆性や附属校カルチャーも意識する保守性に違和感を覚える少女たち。オリーブ少女になりきれないニューウェーブ少女たちを救ったのが『宝島』という雑誌だったのだ。

そんな80年代の『宝島』のカバーを小泉今日子は飾っている。なかでも80年代も終わり

アフロヘアでサックスを手に
ポーズを決める小泉今日子
（『宝島』ＪＩＣＣ出版局　１９８９年１月号）

に近づいた89年1月号は圧巻だ。「特集は'89日本ロックシーン大予測」。アフロヘアでサックスを手にポーズを決めるキョンキョンは、『オリーブ』のグラビアページに登場するおしゃれアイドルとも異なる攻めの姿勢を見せている。その時期の彼女は、もう押しも押されもせぬ「なんてったってアイドル」であったが、『宝島』の表紙も飾ってしまえるセンスを持ち合わせていた。トップアイドルに登りつめた後も、ロック的な攻めの精神とニューウェーブ的差異化精神を彼女は忘れなかったのだ。

88年の映画『怪盗ルビイ』でロマンティック・コメディを演じたかと思えば、『宝島』でロックなコイズミを見せる。89年には、アイドルとしては異例の近田春夫プロデュースによるハウスミュージック作品「KOIZUMI IN THE HOUSE」も発表している。このように、ジャンルを超えてさまざまな作品に挑戦し、次々とイメージを変えることも辞さない小泉今日子は、従来のアイドル像からは大きくかけ離れた斬新なイメージを保ち続けていたが、同時に「広告の時代のＣＭクイーン」(助川２０１５：72)でもあった彼女は、いわゆる「不思議ちゃん」とは一線を画していた。

そもそも「不思議ちゃん」とは何か。いつから「不思議ちゃん」と呼ばれる女の子が存在するようになったのか。奇抜なファッションに突飛な言動とパフォーマンスで、現代ではすっかり類型化してしまった「不思議ちゃん」だが、その起源をたどると、80年代初頭に「不思議な女の子がやってくるのだ」（『STUDIO VOICE』１９８４年9月号）と高橋源一郎に言わしめた戸川純にたどり着く（松谷２０１２）。

宝島少女も憧れた元祖「不思議ちゃん」である戸川純は、80年代前半に、その独特の世界観に基づく圧倒的なパフォーマンスで知られるようになった。細野晴臣プロデュースによるユニット「ゲルニカ」や「戸川純とヤプーズ」でヴォーカリストとして人気を博した彼女は、ソロアルバム『玉姫様』で「不思議ちゃん」としての立ち位置を不動のものにした。

> わたしはソロデビューしてから、ランドセルの小学生や巫女の衣装で歌っていた。生理の歌等を歌っていたから、そういう生々しさを感じさせないよう、バランスをとっているつもりであった。しかしそれらはファッショナブルとはとても言い難く、演劇色の強いものであった。ランドセルの小学生や巫女（他にトンボの羽をしょったりもした）で歌った頃を、「女未満」と評された。それを知り、うまくいったんだと思えた。「女未満」、生理の歌をリアリティをあまり感じさせることなくできた、と思えたのだ。
> これが私の思う少女性である。
> （戸川２０１２：１５２）

「不思議ちゃん」になることで、「女未満」と評されることで、「女らしさ」から自由になる。それは、戸川なりの「今のオトナのオンナモデル」の探求でもあったのだろう。成熟を拒否するために捉えどころのないイメージを確信犯的に演じるのが「不思議ちゃん」だとすれば、「ウォシュレット」のＣＭで「おしりだって、洗ってほしい。」とつぶやき、ランドセルの小学生や巫女の衣装で生理の歌を歌った戸川純の右に出る者はいないだろう。だが、同じくアイドルを確信犯的に演じていた小泉今日子は「不思議ちゃん」にはならなかった。なんてったってアイドル小泉今日子は、「不思議ちゃん」に匹敵するロック的な攻めの精神、ニューウェーブ的な差異化精神を持ち合わせていたが、圧倒的な知名度と大衆性もすでに味方にしていた。周囲の期待に合わせて自らの立ち位置さえもメタ化してしまう能力、自己プロデュースという点においては、やはり小泉の方がずっと抜きん出ていた。

　流行に敏感でファッショナブルな小泉今日子と演劇性が強くコスプレ的な戸川純の違いもあった。戸川純は敢えて洗練されることを好まず、衣装も完璧な隙のなさを追求することはなかった。「ことファッションにおいて、わたしがいつまでたっても未完成のもの＝少女性を好む人だったからだ」（戸川２０１２：１５２‐１５３）と本人もそのことを自覚している。

だが、足りない、未完成なもの——「女未満」をいつまでも表現しようとした戸川純には最初から限界が見えていた。「女未満」をいつまでも保ち続けることは不可能だ。それは一定期間の延命措置でしかない。

確信犯的なパフォーマンスによって戦略的に「不思議ちゃん」を演じきっていたかのように見えた戸川純が、30代に突入した90年代半ば以降、自殺未遂騒動を起こすなど上手く生き延びていくことができなかったこととも関係しているだろう。

80年代に祭り上げられたニューウェーブのアイドル戸川純が、ある意味時代に翻弄され、「女未満」の「不思議ちゃん」以降の道を切り開くことができなかったのとは対照的に、小泉今日子はニューウェーブ的、ロック的要素を内包しつつも、時代とともに表現方法を変化させていく。年齢を重ねるごとに俳優やエッセイストとして活動の幅を広げると同時に、女性たちからの支持をいっそう確かなものにしていった。

すっかり世間に忘れられたかのように思えた戸川純だが、２０１２年に公開された映画『ヘルタースケルター』で蜷川《にながわ》実花が挿入歌として「蛹化《むし》の女」を使用してから、再び活気づいた。現在では、アルバム『玉姫様』をはじめとする80年代の彼女の音楽も再評価されている。２０２０年、還暦を目前にした戸川純はYouTubeで「戸川純の人生相談」を開始し、マイペースな活動ながらも後進に影響を与え続けている。YouTubeには「歌のコーナー」もある。あれから30年以上の時を経て、ジェンダーを問わず生理を語り、「フェムテック」が注目される世の中となり、ようやく生理の歌を歌う玉姫様がすんなり理解される時代になったのかもしれない。

## オリーブ少女の進路――少女たちはどう生きるか

もし80年代の女の子が、少女心を持ったまま大人になれるとわかっていたならば、オリーブ少女も宝島少女も不思議ちゃんも将来にそこまで不安を覚えることもなかっただろう。岡崎京子の作品の主人公たちも「大人になりたくない」とあがくことはなかっただろう。「ロマンティックなのにアヴァンギャルド」というここではない世界を『オリーブ』は示したけれども、結局どこへも行けないままオリーブ少女は大人にならざるをえなかった。「今のオトナのオンナ」モデルがまだない時代に女の子たちはどう生きるのか。

「オリーブ」を卒業した栗尾さんが私たちに教えてくれたのは、女の子の人生は18歳で終わりでも、22歳で終わりでもないという真実だった。

それこそが、十代の私がうっすらと感じていて、見たくないと思っていたものだ。

> 「オリーブ少女」じゃなくなったら、私はどんな風に自由や憧れを見つけていけばいいのだろう？　そもそも大人の女性に自由や憧れなんてあるのだろうか？
> 二十代になることやその先のことを考えると、十代の頃はいつも不安になった。
> 「オリーブ」は私に、18歳から先の人生を教えてはくれなかった。
> （山崎２０１４：１２１）

山崎まどかもまた、岡崎京子や小泉今日子と同じように「少女の心」を抱いたまま、この先も生きられるのかと逡巡していたようだ。やはり、従来の「オトナ・オンナライフ」を歩まざるをえないのか。山崎が「見たくない」と思っていた18歳以降の人生。オリーブ少女代表であった栗尾美恵子さんのその後の人生はある意味象徴的だ。

成城学園高校に通っていた栗尾さんは、「卒業しても、オリーブ少女ね！」（87年3月3日号）という特集に見送られて華々しく『オリーブ』を後にする。高校卒業後は系列の成城学園大学へと内部進学。女子大生になってからも時折『オリーブ』に顔を覗かせていたが、しだいに誌面からフェイドアウトしていく。大学卒業後はＪＡＬの客室乗務員（当時の呼び名は「スチュワーデス」）になり、モデル経験を買われてか、ＪＡＬカレンダーにも登場している。

栗尾さんが「スチュワーデス」になった90年代初頭、客室乗務員はアナウンサーと並んで女子大生の憧れの職業であり、『ＪＪ』『CanCam』のような赤文字雑誌もこぞって国際線スチュワーデスのファッションやライフスタイルを紹介する特集を組んだ。オリーブ少女の憧れの職業にはスタイリスト、コピーライター、ブランドのプレス（広報）、デザイナーといったクリエイティブ系のカタカナ職業が並んでいたが、栗尾さんは、オリーブ時代から「将来はスチュワーデスになりたい」という夢をしばしば口にしていた。附属校ガールの彼女にとって「スチュワーデス」は、実現可能な夢であり目標だったのだろう。栗尾さんが『オリーブ』誌上で「デート」した田中康夫が、かつて小説やエッセイで描いていたアッパーミドルクラスの女性たちの職業もたいていは「スチュワーデス」だ。

栗尾さんが附属校カルチャーに属していたことを踏まえると、『オリーブ』での栗尾さんは読者モデルとしてリセエンヌ・ファッションを着せられていたのであり、オリーブ少女という「コスプレおめかし」をさせられていただけの存在にすぎない。

「色白で、おっとりとしていて可愛らしい雰囲気はあったけれど、特にお洒落ではない。」（山崎２０１４：１１１）。中学2年の時に、魔法をかけられてオリーブ少女になっただけである。『オリーブ』という魔法使いによって勝手に髪を切られ、ドレスを着せられたシンデレラ・ガールなのだ。小泉今日子のようにシンディ・ローパーに憧れて自発的に髪を切ろうと思い立ったのではない。だから、栗尾さんにしてみれば、大学生になって魔法が解け、本来の自分に戻っただけなのではないか。『オリーブ』という物語の世界を卒業し、現実の女子大生として、ＪＪガールのようなファッションや振る舞いをしたとしても、特に不思議ではない。

だから、その後の栗尾さんが「スチュワーデス」を経て、当時人気力士だった若乃花と結婚という、いたって赤文字雑誌的なライフコースを選択したことも、別に驚くべきことではなかったのだ。しかし、多くの80年代オリーブ少女は、栗尾さんの婚約会見に衝撃を受けた。憧れの物語の主人公が、ごく普通のどこにでもいる「読者モデル」にすぎなかったことが露呈したからだ。婚約会見に登場した栗尾さんの発言と物腰は「日本のリセエンヌ」のイメージを見事に打ち砕き、80年代オリーブ少女を夢から覚ますのに十分だった。

いつまでも夢見るオリーブ少女ではいられない。結婚後の彼女がハイブランドの服やバッグを身につけメディアに登場したことも、彼女がもともと赤文字雑誌の人であったことを思い起こさせた。

このように、栗尾さんに代表されるのが、『オリーブ』を卒業後、すんなりと『ＪＪ』や『CanCam』といった赤文字雑誌へと移行したオリーブ少女たちである。80年代『オリーブ』のアヴァンギャルドなファッションや思想にもそれほど共感せず、というよりもむしろ関心を持たず、アイドルの記事や附属校カルチャーを楽しんでいたタイプである。彼女たちの多くは、ファッションや生き方にも強い主張を持つことはなく、アヴァンギャルドなＤＣブランド・ファッションを横目で見ながら、コンサバティブなファッションや生き方を自明のものとしていた。

86年に男女雇用機会均等法は施行されたものの、まだ女性の多くが総合職ではなく一般職に就き、結婚を機に退職する寿退社も辞さない時代である。一時はスタイリストやコピーライターを夢見たオリーブ少女も良妻賢母型の赤文字雑誌的ライフコースを選択し、その後は『ＪＪ』から『ＶＥＲＹ（ヴェリィ）』『ＳＴＯＲＹ（ストーリィ）』の読者となっていったであろう。

『オリーブ』はあくまでの高校時代の思い出であり、卒業後も進むべき道に迷いはない。「大人になりたくない」とあがくこともそれほどないだろう。しかし、山崎まどかのように、オリーブの思想に共鳴し、その世界観に憧れた真性オリーブ少女にとって、『オリーブ』卒業後の進路はまったくもって不透明だったようだ。

高校を卒業したら、当然「オリーブ」だって読まなくなるはずだ。そしたら、どん

> な雑誌を読めばいいのだろう。「an・an」を読めばいいのか？「JJ」や「CanCam」みたいな女子大生雑誌だろうか？　どちらも何だか違う気がした。
>
> 実際、二十代になってからは長いこと、自分にしっくりくる雑誌がなくて、読むものには苦労した。
>
> （山崎2014：118）

当時、宝島社はまだファッション誌というものを作っていなかった。『宝島』にもファッションページはあったが、それはロックテイストの強いものであり、音楽好きな宝島少女に向けたものでしかなかった。10代の女の子たちに向けたストリート・ファッション誌『CUTiE』が創刊されるのは89年だが、その後、20代向けの『SPRiNG』や『sweet』が創刊されるまでにはかなりのタイムラグがある。さらに、赤文字雑誌に対抗する勢力として宝島社の雑誌を中心とした青文字雑誌が台頭してくるのは21世紀になってからだ。

立場的には『オリーブ』の姉であった『アンアン』だが、その内容に関しては『オリーブ』のロマンティックでアヴァンギャルドな世界観とは隔たりがあった。『オリーブ』を卒業したら次は『アンアン』とはならなかった。『オリーブ』が女子高生をターゲットにしていたのに対し、『アンアン』が大学生を読者としてそれほど念頭に置いていなかったこともあるだろう。

かといって、18歳を過ぎても『オリーブ』を読み続けるのは、留年するようなものだった。『オリーブ』もリセエンヌ路線に終止符を打ち始めていた。居心地が悪くなるのも当然だ。高校を卒業してもいつまでも『オリーブ』を読み続けている友人に対して、「そんなズルいことが許されるの？」（山崎２０１４：１１８）と山崎が思ったのもそのせいである。「自由や憧れを持ったまま大人の女性になること」――いつまでも少女心を持ちながら大人になる道はまだ示されておらず、そんな可能性があるとも考えられていなかった。だからこそ、真性オリーブ少女たちは「楽園を後にするように、『オリーブ』から卒業して、自分の道を探ってきた」（山崎２０１４：１１８）のである。

一方で80年代『オリーブ』のおしゃれアイドルだった小泉今日子は、90年代に入ると淀川美代子が編集長となった『アンアン』に軸足を移し、誌面に登場するだけではなく、エッセイ「パンダのａｎ・ａｎ」を連載するようになった。１９９４年から97年にかけて、自身が30歳を迎え、アイドルから俳優へと転身していく時期である。

小泉今日子もまた、将来の自分の姿をまだ十分に描ききれてはいなかったのだろう。「少女の心」を保ちながら、どんな30代を経て、40代、50代と歩みを進めていくのか。『アンアン』にエッセイを書きながら、自分の進むべき道を探っていた。

> １９９７年の目標は、部活動を充実させる事。ブカツドウ（部活動）、なんだか懐かしくって良い響き。この言葉の響きにワクワクしている私、小泉今日子は今年で三十一歳です。
> 友人達と集まって、仕事とは直接関係ない所で、自分達がやってみたい事を実現するための部活動なんだよね。（中略）
> 今の時点では、具体的な活動はしていないけど、時々みんなで集まって夢を膨らませるって感じ。例えば、絵を描くとか、写真を撮るとか、本を作るとか、バンドを結成するとか、とにかくやってみたい事をみんなでちゃんと考えて、口だけで終わらない様に実現させせてみる。
>
> （『パンダのａｎ・ａｎ』２１０）

30代を迎えた小泉今日子にとっての「部活動」はいつまでも10代の頃の自分を、少女心を忘れずに、「自由や憧れを持ったまま大人の女性になる」ための活動であり、それは小泉流の「大人になりたくない女の子たちのあがき」だったのだろう。

やがて、その「部活動」が結実し、30代後半以降の小泉今日子は、次々と創刊される宝島社のファッション誌を舞台に、今までにない女性像を提示していくことになる。それは岡崎京子が数々の作品を通して希求した「今のオトナのオンナ」モデルの具現化であった。

「コンサバ系でもマダム系でもキャリア系でもない30代女性が読む雑誌」――『InRed』が宝島社から創刊されるのは、２００３年のことだ。そこには『オリーブ』が教えてくれなかった、その後の人生の一つの答えがあった。

第4章

# 「大人女子」の誕生

## 小泉今日子と「大人女子」ブーム

21世紀を迎える頃からファッション誌では大人の女性に対して、「女子」という呼称が積極的に使われるようになった。30代女子、40代女子、そして大人女子。「女子」はやがてファッション誌の枠組みを超えてメディアに広がりを見せ、「女子」ブームを巻き起こすに至る。

その火付け役が宝島社の一連の雑誌であり、立役者となったのが小泉今日子であった。２００３年に世に出た『InRed』、その流れを汲んで２０１０年に創刊された『ＧＬＯＷ』を舞台に、小泉は「大人女子」という新しい30代女性像、40代女性像を具現化していくのである。

この章では、「大人女子」が生み出されるまでの過程を追いながら「女子」という言葉に込められた意味、そしてゼロ年代後半から10年代にかけての「女子」ブームがもたらしたものとはいったい何だったのかを改めて考えたい。

「大人女子」は21世紀初頭にいきなり誕生したわけではない。その前段階として、赤文字雑誌に代わり、いわゆる「青文字雑誌」が台頭するまでの歴史がある。「他人に好かれる服を着る」ことに主軸を置く赤文字雑誌に対し、「自分の好きな服を着る」ことを推奨するのが「青文字雑誌」の特徴だ。

その「青文字雑誌」の先兵とも言える『CUTiE』は、“for INDEPENDENT GIRLS”を掲げ、男性や大人の価値観から自由な、独自の価値観を持った少女たちに向けた初のストリートファッション誌だった。今までの雑誌にはない、自由で革新的で創造的な世界を求めて、１９８９年に誕生した『CUTiE』。ファッションとマンガを同じレベルで融合させたのも、独自の試みだったと言えるだろう。だからこそ、ここから岡崎京子の『東京ガールズブラボー』や『リバーズ・エッジ』も生み出されたのである。

『CUTiE』を旗艦メディアとする原宿のストリート・ファッション発の「かわいい」モードは、男性や大人の価値観から独立した女の子のモードとして形成されてきた。

> 『CUTiE』は、読者との共感性を追求し、読者と共にスタイルやモードを創出してきた。その読者層が「わたしたちだけがわかる」ことを求める価値観の中心にあったのが「かわいい」という感覚だったのだ。
>
> （古賀２００９：１３５-１３６）

このように『CUTiE』は、異性や大人といった他の誰かのために服を着るのではなく、「自分のために服を着る」をテーマに「かわいいモード」を提案する雑誌として、10代の少女たちの絶大な支持を集めた。１９９６年には、『CUTiE』を卒業した20代女性のために『SPRiNG』も創刊された。

この『CUTiE』『SPRiNG』のインディペンデントな「かわいいモード」路線に手応えを感じた宝島社が、「28歳、一生〝女の子〟宣言！」を謳うファッション誌『sweet』を生み出したのが、20世紀も終わりに近づいた１９９９年のことだった。28歳と言えば、もう十分に成熟した大人の年齢である。昭和の時代ならば、すでに結婚し子どもの一人や二人もいる主婦となっているような年頃だ。そんな「妙齢」の女性に対して、いきなり「一生〝女の子〟宣言！」を打ち出し、いくつになってもかわいいものを身に纏うことを奨励した『sweet』もまた革新的な雑誌であったと言える。

常識にとらわれないという点では、『CUTiE』と同じくらいか、それ以上の衝撃を与えたのではないだろうか。なぜなら、28歳という年齢は、社会人としての「常識」を装いにおいても求められる年代だからである。10代の少女が自分の好きな格好をするのとはまた違った制約が課されるだろう。「大人の女性」としてファッションもまた、わきまえなければならない。少女の頃に好きだったリボンやフリル、ミニスカートにショートパンツ。ギャザーたっぷりのレースのワンピースやパフスリーブのチュールのブラウス。そういったものは、大人になるにつれ諦めるのが従来の常識であった。たとえ結婚していなくても、落ち着きのある「大人の女性」としてのファッションを身につけることが求められていたはずだ。

だが、『sweet』は、20代後半、アラサーと呼ばれる女性たちに向けて、いくつになっても「かわいい」を諦めるなというメッセージを送った。わきまえるな、自分の好きな服を着ろと鼓舞した。それが、「28歳、一生〝女の子〟宣言！」の意味するところであろう。

その思いきった戦略は、他者からの好感度を重視しがちな老舗出版社のファッション誌にはなかなか採れないことであった。「宝島少女」にルーツを持つ宝島社だからこそ成せる技であり、本体を凌駕するかのような豪華な付録と同じく、後発であるからこそ行えたのだとも言える。

創刊から数年間は路線が定まらない時期もあったが、２０００年代の半ばからは「いくつになっても可愛いモノが大好きな女性が、自分のために選ぶ服」というコンセプトも明確になり、多くの女性たちが『sweet』の「女の子宣言」に共感を寄せるようになっていった。フリル、リボンにミニスカートといった年齢不詳な「大人かわいい」モードは、『CUTiE』のストリート系「かわいいモード」と同様に、男性をはじめとする他者への好感度や従来の「大人の女性」の価値観から独立した、自由な装いとして、アラサー女性を中心に支持されるようになった。

2000年代後半になると、アラサー世代だけでなく、女子大生からアラフォー世代までを巻き込み、『sweet』は日本で一番売れているファッション誌に成長する。それは、「28歳、一生〝女の子〟宣言！」の勝利だと言えるだろう。多くの女性たちが、年齢を重ねても「女の子」でいることを自覚的に選び始めたからだ。まずは装いにおいて、「大人の女性」となることを拒否し始めたからだ。それは、従来の「オトナのオンナ」として生きることへの抵抗につながっていく。

このアラサーを中心読者とした『sweet』に加えて、より成熟した年代である30代女性のために宝島社が満を持して創刊したのが、小泉今日子をイメージモデルにした『InRed』である。『sweet』の「大人かわいさ」を若干抑えて、よりカジュアルにロックに仕立てた新雑誌。それは、岡崎京子が言うところの「昔のオトナのオンナ」モデルを打破するロールモデルの創出であり、新たな「オトナ・オンナライフ」への第一歩であった。そこで展開される新しい30代女性像に相応しい言葉として選ばれたのが、女の子やガールではなく、女でも女性でもない「女子」だったのである。

30代でも「女子」――ファッション誌というメディア上で大人の女性に対して積極的に「女子」という言葉を使い始めたのは、人気マンガ家の安野モヨコだと言われている。安野は１９９８年に創刊されたコスメ情報誌『ＶｏＣＥ（ヴォーチェ）』において「美人画報」という連載をスタートさせたが、そのエッセイで多用されたのが、「女子」という言葉だった。当時アラサーだった安野が、「私たち女子は～」と積極的に使用したことによって、30代でも「女子」が広まっていく。２００２年には、週刊誌の『ＡＥＲＡ』が「30すぎても『女子』な私たち――学校時代の対等な感じで男社会に自然に立ちたい」という記事を掲載するに至った（2002年6月3日号）。ここでは、「女子」が女や女性に比べて女性性を軽減させる言葉として、ポジティブな意味で使われている。

同じ女子でも「女子力」という言葉が、どちらかと言えば男性に好かれるために「女性らしさ」を高めるといった意味あいで使用されるのに対し、「女子」はむしろ男性に媚びず、学生時代の男子／女子のように対等な関係性を志向する。

２００３年に創刊された『InRed』もまた、「女子力」的な女子ではなく、この「対等な関係性」を意識して「女子」を採用したのではないだろうか。30代になったとしても、男性を中心とした他者からの好感度を意識して媚びるのではなく、自分の好きな服を着て、自分の好きなように生きたい。その決意を表明するのに相応しい言葉として選ばれたのが、「30代女子」だったのではないだろうか。

『InRed』初代編集長である大平洋子は、小泉今日子こそ新雑誌『InRed』が掲げる理想的な「30代女子」だと確信し、必死に小泉を口説いた。30代後半となり、ファッションやカルチャーに興味を失いかけ、自信を喪失していた小泉に、もう一度リハビリのつもりでがんばってみようと思わせる場を与えた。それが功を奏したのだ。

もちろん、2003年の創刊当時に30代女性に向かって「女子」という言葉を使うのは、それほど簡単ではなかった。周囲からも反対の声が多かったと言う。しかし、大平編集長は敢えて「30代女子」を使った。それも表紙の見出しとして大々的に。女性でも女でもない「女子」を積極的に打ち出していったのである。

当時は「30代」と、堂々と表紙に年齢をうたう雑誌はありませんでした。みんな、年齢を出してはいけないと思っていたんでしょう。なぜなら、年齢を重ねた女性はイメージが悪いとされていましたから。

実際、誌面を見ても、若いモデルたちが載っている。それを見た30代の読者は、「大人といっても、しょせん20代後半か……」という気持ちになるという状況でしたね（笑）。

（東洋経済 ONLINE「問答無用！『40代で女子』はタブーじゃない」２０１３年７月２日）

大平編集長が指摘するように、30代向けであっても、表紙をはじめとする誌面は20代のモデルによって占められてる、そんな雑誌が大半だった。２０２０年代になっても、40代キャリア女性向け『Precious（プレシャス）』（小学館）の表紙を32歳の大政絢《おおまさあや》が務めている。しかも大政が表紙モデルに抜擢されたのは、まだ20代の時であった。しかし、大平編集長は、当時30代後半だった小泉今日子を積極的に『InRed』に起用したのだ。もちろん「30代女子」という言葉とともに。

そんなときに『InRed』で「30代女子」という言葉を使ったら、とっても反響があったんです。どういう反響かというと「自分のことだと思った」ということでした。

（東洋経済 ONLINE「問答無用！『40代で女子』はタブーじゃない」２０１３年７月２日）

『InRed』が創刊された２００３年は、酒井順子のベストセラー『負け犬の遠吠え』が発売された年でもあった。30代女性の3人に一人が未婚となったゼロ年代、「どんなに美人で仕事ができても、三〇代以上・未婚・子ナシは『女の負け犬』なのです。」（酒井２００３：帯文）と酒井は自嘲的に言ってのけたが、従来のライフコースをたどらない女性たちが劇的に増加していたのは確かである。

男女雇用機会均等法から約20年。ようやく結婚だけが女の人生ではないというところに女性たちはたどり着こうとしていたのだろうか。未婚、既婚を問わない「30代女子」は多様化する女性のライフコースにも相応しい言葉として受け止められたのだろう。

『InRed』とほぼ同時期の２００４年に主婦と生活社から『NIKITA（ニキータ）』という雑誌が創刊されている。ちょいワルオヤジを生んだ『LEON（レオン）』の「彼女」という位置づけで、30代の女性をメインターゲットとし、鳴り物入りでデビューした。しかし、「コムスメに勝つ！」という謎のキャッチコピーに共感する女性たちはほとんどいなかったのだろうか。あっという間に『NIKITA』は姿を消してしまった（２００8年休刊）。「乳間《にゅうかん》ネックレス」「大人のミニスカは艶女《アデージョ》タイトで」というセクハラまがいの見出しが女性たちに受け入れられるとも思えなかった。『LEON』そのままに、男性目線の女性誌を岸田一郎編集長はつくってしまったのだ。

その点、『sweet』も『InRed』も、女性編集長であったことが、成功の大きな要因であろう。女性デザイナーが自分の着たい服を作り、女性たちの声を代弁するように、女性編集長はごく自然に女性たちが「自分のことだ」と共感できる誌面作りを目指すだろう。男性目線ではないファッションを掲載し、不快な表現を避けるだろう。それは男性デザイナーや男性編集長が、「理想の女性像」を服や雑誌に投影しがちであるのとは異なる。

『InRed』の大平洋子は1968年、『sweet』の渡辺佳代子は1971年生まれである。おそらく『オリーブ』や『宝島』に影響を受けた世代ではないだろうか。だからこそ、大人になった彼女たちが作る30代女性のための雑誌は、その後のオリーブ少女や宝島少女に向けたメッセージとなり、「自分のための雑誌」と思わせることができたのではないだろうか。「30代女子」も「一生、〝女の子〟宣言！」も女性編集長でなければおそらく生み出されることはなかったのである。

## 良妻賢母規範からの脱却――大人女子という生き方

こうして、創刊以来『InRed』は「30代女子」を積極的に誌面で使用していった。小泉今日子が登場する表紙やグラビアページに躍る「30代女子」という言葉。それはまさに新しい30代女性像の具現化であると同時に、新たな女性の生き方の模索でもあった。

ファッションと生き方――それは、とりわけ大人の女性にとっては密接に結びついているものだった。30代女性ともなれば、選んだライフスタイルによってファッションも規定されていた。未婚なのか、既婚なのか。主婦なのか、キャリアなのか。母親なのか。デパートの売り場までもが、それに従って区分けされていた。ミセスの婦人服、キャリアの婦人服。同じ30代であっても、そのファッションは立場とともに明確に線引きされていたのである。

ファッション誌も当然そうであった。例えば、同じ30代向けでも１９９５年に創刊された『ＶＥＲＹ』は新専業主婦をターゲットにしており、いつも妻として母としてどのような装いが相応しいのかというところから、そのファッション特集は始まっていた。「妻、母、嫁、女。〝役者〟な私の最強着まわし服」（２００８年１月号）、「オシャレも〝賢妻〟ブームです！」（２０１４年３月号）という具合に。

よって、同じ30代でも未婚で子どものいない「負け犬」（酒井２００３）は、『ＶＥＲＹ』の世界からは排除されていたのである。そのような状況の下に「30代女子」を謳う『InRed』は登場した。ハイブランドずくめのコマダムでもない。パンツスーツを着こなすキャリアでもない。節約に勤《いそ》しむ主婦でもない。「若い頃はクラブとかでガンガン遊んでたような30代女性が納得できるファッション」（『小泉今日子の半径１００ｍ』62-63）と小泉今日子が言うように、いくつになってもロックなテイストやエッジイなセンスを持ち続けている女性たちに向かって、『InRed』は「30代女子」と呼びかけたのだ。それは、大人になった宝島少女や、リアルな金田サカエ（『東京ガールズブラボー！』の主人公）たちへのメッセージでもあるだろう。

「30代女子」が示そうとしたのは、結婚、出産と引き替えに妻、母役割を自明のものとして引き受け、良妻賢母的に生きざるを得なかった従来の30代女性とは明らかに異なる、新たな女性像であった。30代になっても好きな服を着て、好きなように生きていく女性。たとえ結婚していても、母親であっても、妻や母という役割にとらわれず、一人の「女子」として生きる女性。成熟した女性の役割を拒否するという意味でも、それはやはり「女子」でなければならない。「大人女子」は良妻賢母規範をも軽やかに脱ぎ捨てる一つの生き方であり、新たな「オトナ・オンナライフ」なのだ。

結婚していてもしていなくても30代女子。母であってもなくても30代女子。立場や役割を問わない姿勢を打ち出した『InRed』は、30代女性の絶大な支持を得て、２００３年の創刊以来、30代女性誌のトップシェアを『ＶＥＲＹ』や老舗の『ＬＥＥ（リー）』と争うまでに成長した。

しかし、創刊から7年の時が経ち、「30代女子」たちも不惑を迎えようとしていた。30

代までは「女子」として、好きな服を着て好きなように生きてこられたが、果たして「不惑でも女子」は可能なのか。いつまで「女子」でいられるのか。この大問題に正面切って「イエス」と答えたのが、２０１０年に宝島社から創刊された『ＧＬＯＷ』である。本邦初「40代女子」のための雑誌の表紙を飾るのは、もちろん小泉今日子であった。親友のＹＯＵとともに、すでに最強の「40代女子」となっていた二人は、ミニスカートやショートパンツ、キラキラ光るミニドレスやライダースジャケットなど、年齢も立場も飛び越えた理想的な「40代女子」の姿をこれでもかと見せつけたのだ。

『CUTiE』が種を蒔き、『sweet』が育て、『InRed』が開花させた「大人女子」が、40代でも咲き続ける。「大人女子」として人生を歩み続ける。ファッション誌界における「女子」の誕生とその成長は、宝島社の雑誌とともにあったと言っても過言ではない。そして、「大人女子」の旗手である小泉今日子が、女子たちの水先案内人の役割を担い、明日を、明後日を照らし続ける。

「好きに生きてこそ、一生女子！　私たち40代、輝きます宣言！」（『ＧＬＯＷ』２０１０年12月号）――小泉今日子とＹＯＵによる『ＧＬＯＷ』創刊号の表紙にはインパクトのある見出しが躍る。「好きに生きてこそ、一生女子！」という秀逸なキャッチフレーズは、小泉今日子を『InRed』の時代からイメージモデルに抜擢した大平洋子編集長によるものだ。

「女子」という言葉を繰り返し紙に書いていたら、いつまにか「好」という字になっていたことから生まれたらしいが、「女子」という言葉に込められた意味をこれほど的確に表しているものはない。まさに好きに生きることが女子を意味するのであり、好きに生きられれば、女性たちは一生女子であり続けられるという力強いメッセージである。

高らかに
「好きに生きてこそ、一生女子!」を謳う
『GLOW』創刊号
（宝島社　2010年12月号）

「40代女子」の生活が充実していけば、おのずから50代、60代につながるでしょうね。私は80代も女子だと思っているので、いくつになっても女子が自分の好きなことを追求できる、もっと生きやすく、楽しく過ごせる環境を、雑誌を通じて作っていければと思います。

（東洋経済ONLINE「問答無用！『40代で女子』はタブーじゃない」2013年7月2日）

大平編集長も述べているように、「女子」に年齢は不問なのだ。好きに生きられるのならば。40代女子はもちろん、50代女子、60代女子、そして80代女子……。なぜなら「女子」とは、好きな服を着て、好きなように生きたいという女性たちの意志なのだから、誰に遠慮することなく、自由でありたいという女性たちの想いなのだから。よってこれは、『sweet』の「一生、〝女の子〟宣言！」と同じく、「私たち40代、輝きます宣言！」すなわちマニフェストでなければならないのだ

なぜなら、40代以降も「女子」として、好きなように、自由に生きていくという決意表明であるからだ。逆に言えば、「輝きます宣言！」をわざわざしなければならないほど、それまでの40代女性は輝いていなかった、輝くことができなかったということだろう。折り返し地点を過ぎた40代ともなれば、人生も後半戦。2000年代に入っても、樋口可南子が「後半戦を美しく」と資生堂のCM（2001年「アクテアハート」）で40代に呼びかけ

ていたことを忘れてはならない。

だが、人生１００年時代、２０２０年に日本女性の二人に一人が50代以上となった世の中においては、40代はもはや後半戦などではない。新しい自分を発見し、まだまだこれから輝ける世代なのだ。写真家の蜷川実花も言う。「大きなメインテーマは〝いつまで現役女子でいけるのか〟死ぬまで絶対現役でいたいし、しかも今のままのスピードで駆け抜けていきたい」（蜷川２０１２：１１７）と。これは蜷川流の「好きに生きてこそ、一生女子！」宣言であろう。

『ＧＬＯＷ』という誌名にも端的に示されているように、いくつになっても「私自身が輝きたい」という想いを女性たちは内に秘めている。だが、今まではそれを表に出すことができなかったのだ。妻として母として生きることが優先されたからである。「オバサン」が輝くことを許さない、40代女性に対する世間の眼差しのせいでもある。そのような状況の下で40代女性たちの願望を包み隠さず、「私たち40代、輝きます宣言！」とストレートに表明したのは、『ＧＬＯＷ』が初めてなのではないだろうか。

もちろん創刊号だけではない。初期の『ＧＬＯＷ』は、とりわけ周年記念号ごとに、小泉今日子とＹＯＵを表紙に起用し、40代女子たちを鼓舞し続けた。

創刊1周年（2011年12月号）――「今の私がいちばん好き！　40代女子、万歳！」（表紙モデル＝小泉今日子・YOU）

創刊2周年（2012年12月号）――「恋しても、働いても、ミニスカはいてもいいじゃない！　40代女子はまだまだわたし新発見！」（表紙モデル＝小泉今日子）

創刊3周年（2013年12月号）――「服もメイクも、今の私らしく！　今の私が好き！　40代の輝かせ方」（表紙モデル＝小泉今日子）

創刊4周年（2014年12月号）――「40代女子は定番色で大逆転！　守りのグレーから攻めのグレー！」（表紙モデル＝YOU）

創刊5周年（2015年12月号）――「なんだか最近、いい感じ♥　大人が楽しい」（表紙モデル＝小泉今日子・YOU）

「今の自分がいちばん好き！」と肯定し、40代という年齢も今までの人生もまるごと受け入れる。「恋しても、働いても、ミニスカはいてもいいじゃない！」と年齢を重ねても、好きな格好をして好きに生きることを推奨するメッセージ。

　ここから最初に浮かび上がってくるのは、強烈な自己肯定の意識である。つまりは「40

代女子」礼賛である。40代という年齢を積極的に受け入れて「今の自分がいちばん好き！」と肯定することによって、『ＧＬＯＷ』は40代女性の前に立ちはだかっていた年齢の壁を取り払ったのだ。さらには、「30代女子」と同じように、専業主婦、キャリア、未婚、既婚、子どもの有無など立場の違いという壁も「40代女子」という言葉によって打ち破ったのである。このように、『ＧＬＯＷ』の第一の功績は、さまざまな状況に置かれている40代女性をこれまでの人生も含めて「40代女子、万歳！」と肯定したことにある。

二つ目の功績は、「ツヤっと輝く、40代女子力！」「好きに生きてこそ、一生女子！」といったキャッチフレーズによって、良妻賢母規範からも脱却しようとしたことだ。20世紀までのこの年代の女性たちには、まだまだ夫や子どものために生きることを要請されていた人も多い。結婚や出産を経て、誰々さんの妻、誰々ちゃんのママと呼ばれることを余儀なくされていただろう。それが「女の生きる道」とされ、女性のライフコースの主流であったからだ。しかし、『ＧＬＯＷ』は、「30代女子」に続き、良き妻、良き母というイメージにとらわれない「40代女子」という新たな女性像を示した。いくつになっても、装いだけでなく、自分の好きなように生きること、自由に生きることを打ち出したのである。

さらに三つ目の功績として、『ＧＬＯＷ』が女友達の存在を重視し、女性たちの連帯がエンパワメントになることを早くから示唆していたことが挙げられる。小泉今日子とＹＯ

Ｕという実際に仲の良い二人を頻繁に表紙や誌面に登場させたのは、なぜなのか。それも創刊号、創刊１周年、５周年という記念号に。ファッション誌の表紙というものは、基本的にその雑誌のイメージキャラクターとなるモデルが一人で飾ることが多い。その方が雑誌の世界観を伝えやすく、表紙モデルがその雑誌の顔としても定着するからだ。創刊号ともなればなおさらである。

その掟を破り、『ＧＬＯＷ』がことあるごとに二人を表紙に登場させたのは、滲み出る二人の仲の良さ、信頼関係、連帯感、すなわちシスターフッドとも言うべきものが、「40代女子」には不可欠だと伝えるためではないか。「好きに生きてこそ、一生女子！　私たち40代輝きます宣言！」というマニフェストを実行するためには、一人ではなく「私たち」でなければならない。女友達の存在なくしては、「なんだか最近、いい感じ♥　大人が楽しい」と実感することはできないからではないか。岡崎京子がしばしば作品の中でシスターフッドを描いたように、女友達と「げらげら笑いながら生きていく」40代女子の姿を小泉今日子とＹＯＵを通して示しているのではないだろうか。

二人が40代を卒業してしまったこともあり、２０１６年以降は表紙から遠ざかっていたが、10年間の集大成とも言える２０２０年の創刊10周年記念号には、小泉今日子が再び表紙モデルに起用された。そこでは、「お洒落も仕事も、本番はこれから。『大人咲き』宣言！」（2020年12月号）というキャッチフレーズともに、50代半ばになった小泉今日子が40代の後輩たちをエンパワメントし続けている。

## ファッション誌の「政権交代」――自由を求めて

『sweet』『InRed』といった宝島社の雑誌が台頭する以前、女性ファッション誌界には長年絶大な勢力を誇った派閥が存在した。通称「赤文字雑誌」と呼ばれるそれらは、1975年に光文社から誕生した『JJ』を筆頭に、80年代に順次創刊された『CanCam』『ViVi（ヴィヴィ）』『Ray（レイ）』を指す。女子大生や20代のOLを中心とした若い女性に、コンサバティブで好感度の高い「モテ服」を指南した4誌は、赤い字のタイトルロゴゆえに「赤文字雑誌」と言われ、ファッション誌界をリードしていた。95年には学生時代に『JJ』を愛読し、現在は専業主婦という30代女性のために『VERY』が、2003年には40代女性に向けた『STORY』がそれぞれ創刊された。上の年代をも巻き込み、赤文字雑誌は盤石の体制を築いていたのである。

しかし、21世紀に入った頃から風向きが変わってきた。『CUTiE』『sweet』『InRed』など、個性的なファッションと豪華な付録を打ち出した宝島社の雑誌が台頭してきたからだ。これらの雑誌は別にタイトルロゴが青い字で統一されていたわけではないが、しだいに赤文字雑誌に対抗する勢力となったため、赤文字に対して「青文字雑誌」と呼ばれるようになった。

永遠に続くかに思われた赤文字雑誌の凋落《ちょうらく》は、２０００年代に始まった。女子大生のバイブルとして、赤文字雑誌のトップランナーとして、30年以上にわたりキャンパスファッションを牽引してきた『ＪＪ』の勢いがなくなったのである。90年代のピーク時には78万部を売り上げた『ＪＪ』だが、２０００年には50万部を切り、ライバルの『CanCam』に追い抜かれる。さらに、２０１２年にはなんと実売約7万部に落ち込むという事態に陥ったのだ。お嬢さまファッション、キャンパスファッションの教科書として揺るぎない地位を誇ってきた『ＪＪ』であるが、ＳＮＳが台頭する２０００年代以降は編集方針も定まらず、10年間で編集長を8回も交代するなど混迷を極めた（米澤２０１４：40−41）。

一方、『ＪＪ』の凋落ぶりに反比例するかのように１９９９年創刊の青文字雑誌代表『sweet』は順調に売上を伸ばす。２００９年上半期に日本ＡＢＣ協会雑誌販売部数で１位を獲得し、「日本で一番売れているファッション誌」を豪語するようになった。同時に、ファッション誌の販売部数に占める宝島社のシェアもトップに躍り出た。ついに、名実ともに青文字雑誌の時代が到来したのである。

みんなに好かれる服を着る赤文字雑誌から自分の好きな服を着る青文字雑誌へ。保守的な赤文字雑誌から革新的な青文字雑誌へ。２００９年と言えば、自民党から民主党へと政権交代が起こった年だが、まさにこの年、ファッション誌業界においても、保守から革新への「政権交代」が実現したのだ。

その高らかな勝利宣言とも言えるのが、２００９年秋の宝島社による「女性だけ、新しい種へ。」という新聞広告であった。


女性だけ、新しい種へ。

この国の新しい女性たちは、可憐に、屈強に、理屈抜きに前へ歩く。

この国の女性たち。別の言い方で「女の子」、あるいは「女子」、あるいは「ガールズ」。

彼女たちのファッションは、もう男性を意識しない。

彼女たちは、もう男性を見ない。もう、自分を含めた女性しか見ない。

彼女たちのファッションは、もう欧米などに憧れない。

それどころか海外が、自分たちに驚きはじめている。でもそのことすら気にもかけない。

彼女たちはもう、「年齢を捨てなさい」などという言葉など待っていない。

そんなこととっくに思っている。いや、もうとっくに実現している。

このままいくと、女性と男性は、どんどん別の「種《シュ》」に分かれていくのではないか。

いつか、女性は男性など必要とせずに、自分たちの子孫を増やしはじめるのではないか。

彼女たちは新しい種として、これからますます闊歩し、飛躍し、謳歌していく。

さてもう片方の種は、果たしてどこへ行くのだろうか。

それとも、指をくわえたまま、どこにも行かないのだろうか。

世界で、ある意味、もっとも平和で、もっとも進化した、この不思議な国で。

（宝島社全面広告２００９年9月24日朝日新聞、日本経済新聞など主要全国紙朝刊）

ここに描かれている「この国の新しい女性たち」とは、もちろん宝島社がファッション誌を通して描いてきた女性像だが、それは20年前に岡崎京子が模索していた「今のオトナのオンナ」モデルそのものではないだろうか。

岡崎が「まだない」と嘆いた「今のオトナのオンナ」モデルが20年の時を経て、「この国の新しい女性たち」として、「新しい種」として出現したのだ。それは、岡崎が宝島社の雑誌に蒔いた「ガールズブラボー」の種が、小泉今日子によって「大人女子」として、

「新しい種」として闊歩し、飛躍し、謳歌する「女子」の姿
（宝島社全面広告 朝日新聞・日本経済新聞など主要全国紙2009年9月24日朝刊）

花開いたのだとも解釈できる。その「大人女子」に多くの女性たちが、それは「自分のことだ」と共感した。「昔のオトナのオンナ」ではなく、「今のオトナのオンナ」ライフを生きることを支持したのである。

　この広告文とともに紙面に大きく掲載されているのが、「女子」という語を積極的に使い始めた安野モヨコによるイラストである。千手観音のようにいくつもの手を駆使して、ケータイを操り、マスカラを塗り、バッグを持つ、華奢な身体にデカ目の「女子」。周囲には彼女が愛するコスメやスイーツやバッグが散乱している。それは、98年の『VoCE』創刊時から安野自身が「美人画報」に描き続けた「女子」の姿であった。つまり、安野が描いた「女子」像は、年齢不詳とはいえ、いわゆる大人かわいくガーリーな「女子」のイメージである。

　だが、もし、岡崎京子が作品をそのまま描き続けていたならば、どうだろうか。岡崎が自らの手で今のオトナのオンナモデルとしての「女子」を描いたのではないだろうか。「新しい種」として、闊歩し、飛躍し、謳歌する「女子」の姿を。それは、より小泉今日子的なイメージに近いものになっていたかもしれない。もっとパンクでロックな「大人女子」の姿に。

『sweet』の広告は主要全国紙の朝刊に全面広告として掲載された。「この国の新しい女性たち」を、「今のオトナのオンナ」モデルを世の中に知らしめたのだ。

どちらかと言えば保守的で家父長制的風潮を助長する赤文字雑誌に代わって、常識にとらわれず革新的で家父長制的風潮を否定する青文字雑誌がトップシェアを占めるようになったこと。それが、奇しくも２００９年の政権交代の年に実現したことは、単なる偶然ではないだろう。

男女雇用機会均等法から四半世紀。妻となり、母となるという従来の「オトナ・オンナライフ」からの自由を求めた女性たちは、ようやくここまでたどり着いたのである。

## 大人女子とガールパワー

このように、「ガールズ」「女子」「女の子」は「この国の新しい女性たち」を表す言葉としてファッション誌を中心にほぼ同義で使われてきた。その中でもとりわけ「女子」が、女性性を軽減するニュートラルな言葉としても使用され、30代女子、40代女子というように幅広い年代に広がりを見せるだけでなく、「大人女子」としてそのイメージが具現化されることで、新たな女性の生き方の可能性すら示すようになった。「女子」は良妻賢母規範からも解き放たれた自由に生きる女性といった、新たな意味を付与されるようになったのである。

それは、「ガール」という言葉が持つネガティブな意味を脱構築し、主体的な可能性を見いだした第三波フェミニズムの「ガールパワー」とどのように重なるのだろうか。あるいは、どのように異なるのだろうか。

「ガールパワー」という語は、90年代初めに人気となったアメリカの女性パンクロックバンド「ビキニ・キル」に端を発する。男性ミュージシャンが主流だったパンクロックというジャンルに若い女性たちが参入しただけでなく、ヴォーカルのキャスリーン・ハンナが意識的に使用した「ガールパワー」という言葉は、新しいフェミニズムの形として若い世代を中心に支持されていく。

10代から20代前半の女性たちを中心としたこのムーブメントは「ライオット・ガール(riot grrrl)」と呼ばれ、パンクロックという音楽を通して既成概念や男性社会に否を突き付け、80年代後半から90年代にかけての第三波フェミニズムを牽引したとされている。

「女性がどんな格好をしようが、どんな音楽を志向しようが、どんな生き方をしようが、それは女性自身の選択のはず！　女性に個人の自由を認めない社会の方を変えて

> みせる！」という反体制的なライオット・ガールたちの声に、同世代の女の子たちは共感して励まされました。
> （清水2022：34–35）

「好きな格好をして、好きに生きていく」ことを推奨するという点では日本の新しい女性たちである「ガールズ」や「女子」とも共通しているが、「女性に個人の自由を認めない社会の方を変えて見せる！」という強い意志や反体制的な姿勢は、日本の「女子」にはそれほど見受けられない。

要するに、日本の「女子」ブームは、その担い手である女性たちの意識を大きく変え、エンパワメントする力にはなったが、それが文化運動や社会運動になりうる大きなムーブメントにつながったかというと甚だ疑問である。それは、パンクロックに端を発する「ガールパワー」と宝島社を中心とした青文字雑誌によってある意味仕掛けられた「女子」ブームとでは、そもそも体制や男性社会に対する批判精神にかなりの温度差があるからだろう。

写真家の長島有里枝などは、かつて自らの作品を男性によって「女の子写真」と位置づけられたことを拒否し、著書『「僕ら」の「女の子写真」からわたしたちのガーリーフォトへ』（2020）において、90年代の女性写真家たちによるセルフヌードを第三波フェミニズムの文脈で読み解きなおしている。すなわち、90年代に長島ら20代の女性写真家たちが積極的にセルフヌードを撮り始めたことは、男性社会による搾取の対象であった「女の子」自らが、「ヘアヌード」を痛烈に批判するムーブメントであったと述べている。したがって、90年代の「女の子写真」は、「ガールパワー」に通じる「ガーリーフォト」として解釈すべきだというのが長島の主張である。

> ガーリーフォトという呼称はすでに日本の写真史上に刻まれ、人々にもある程度親しまれていると同時に、「ガーリー」というフェミニズムのカテゴリー名を自らに刻んでいる。この名を積極的に引き受けることは、「僕ら」に押しつけられた「女の子写真」を断固拒否するという意思の表明にもなるだろう。（長島２０２０：３５２）

確かに、長島が言うように、写真評論家の飯沢耕太郎が、90年代に起こった若い女性写真家たちを中心とする写真の潮流を「女の子写真」と名づけることで、権威ある男性たち、「僕ら」の言説の中に取り込み、作品の価値や潮流を矮小化してしまうという結果を招いた。また、「僕ら」が「女の子」たちの作品を「女の子写真」として過剰に持ち上げブームに仕立て上げることで、「女の子写真」とカテゴライズされることに抵抗を感じる女性写真家たちの連帯を阻んでしまったという側面もある。ここで言う「女の子」は、女性たちが自ら選び取った言葉ではなく、「僕ら」に与えられた呼び名であり、未熟で男性に満たない存在である女性に対する蔑称ですらある。だからこそ、長島は「女の子」と呼ばれることに否を突き付け、「ガーリー」であろうとしたのだろう。

　そのように考えると、ファッション誌における「新しい種」としての「ガールズ」「女の子」、そして「女子」は、女性たちが自ら名乗った呼称であり、選び取った言葉である。女性マンガ家や女性編集者によって選ばれ、女性ファッション誌によって広がり、多くの女性たちに支持された言葉である。敢えて「女子」と名乗り、新たな意味を付与して脱構築していく点では、ライオット・ガールたちの「ガールパワー」に通じるところがある。

> 二〇〇一年にオックスフォード英語辞典に追加されたガールパワーという言葉は「女の子たちによって行使されるパワー。とくに野心、自己主張や個性を打ち出す女の子や若い女性たちの自立的な姿勢」と定義されています。
> （清水２０２２：35）

　しかしながら、「ガールパワー」があくまでも女の子たち、若い女性たちを中心に盛り上がりを見せたムーブメントであったのに対し、「女子」は30代、40代、あるいは大人という言葉と結びつくことで、年齢を重ねた女性たちに波及していったことに大きな違いがある。

むしろ、若い女性たちだけが担い手ではないことに意味がある。そこが、「大人女子」の最も評価すべき点なのではないか。「ガールパワー」ほど直接的な社会変革や社会運動にはつながらなくとも、30代、40代以上の女性たちを自由に導き、励まし、勇気づけたという点において、エンパワメントしたという点においては、やはり第三波フェミニズムと結びつけて考えてもよいだろう。

90年代の「ガールパワー」を中心とした第三波フェミニズムの「好きな格好をして、好きに生きていく」という精神がやや形を変えて日本に波及し、２０００年代以降の「女子」ブームを巻き起こしたと言えるのではないだろうか。反体制、社会変革への姿勢は軽減された代わりに、30代、40代以上の大人の女性をも巻き込んだ動きとして。生き方の可能性を広げる試みとして。

もちろん、「ガールパワー」がマーケット化というものから逃れられなかった以上に、「女子」はマーケットと密接な関係にある。第三波フェミニズムは、商業主義的としばしば批判されてきた。例えば女性グループ「スパイス・ガールズ」の成功やドラマ「セックス・アンド・ザ・シティ」の世界的な人気などがそれに当たる。
新たな市場の活性化のみに「ガールパワー」が活用されてしまう時、本来の「ガールパワー」が内包していた既存の体制への抵抗という側面は薄れてしまう。

> 生き方の多様性が広がり、選択肢が増えていく中で、どのように生きるかの「自由」の主張は女性たちのエンパワメントにつながってきた一方で、フェミニズムが「個人の自由」を主張することにはさまざまな問題もひそんでいます。情報があふれる消費文化を生きている私たちは、実は主体的に考えて生き方を選んでいるのではなく、マーケットに選ばされている、ということではないでしょうか。（清水2022：41）

その観点から言えば、「大人女子」もまた、宝島社が用意したマーケットの一つにすぎないだろう。『sweet』『InRed』『GLOW』と雑誌が創刊されるたびに、それらがファッション誌である限り、「30代女子」「40代女子」の名のもとに新たなマーケットが想定され、消費の欲望が喚起され続けてきたという点は否めない。

それに加えて、近年はファッション誌そのもののメディアとしての影響力が低下してきたこともあり、マーケット主義以前に雑誌の存在意義そのものが問われている。

例えば、2020年の『GLOW』10周年記念号では、久しぶりに小泉今日子が華々しく表紙を飾り、10周年のお祝いと40代女子たちへのエンパワメントを行ったが、実はこの小泉版の通常の表紙の他に別バージョンも存在した。コンビニ限定版として、なんと特別付録の「レ・メルヴェイユーズ ラデュレ」のステンレスミニボトルの実物大写真が表紙にお目見えしたのである。表紙モデルがラデュレのボトルとは。記念号の表紙にそんなことがあっていいのだろうか。当然のことながら、ラデュレ版には小泉の姿はなく、「『大人咲き』宣言！」の文字も小さい。記念号の豪華な付録目当てに購入する人へのわかりやすさを追求したとはいえ、せっかくの10周年が台無しである。しかしながら、10年の間に雑誌というメディアがすっかり変わってしまったことをこれほど明確に表しているものはない。

情報を得るのはSNSで十分という時代に、わざわざ紙の雑誌を買うのは、欲しい付録がある時か、自分の「推し」が表紙を飾っている時ぐらいである。そんな状況下ではもはや、「大人女子」を謳ったとしても、以前のように多くの女性たちの共感を得ることはない。

10周年記念号では、「『大人咲き』宣言！」と同時に「45才。大人女子第2章スタート！」というキャッチフレーズが小さく書かれている。もう、下の世代ではなく、50代女子も視野に入れた読者設定なのだろう。今まで雑誌とともに生きてきた世代にしか、雑誌発のメッセージは届かないからだ。

　現在では、誌面で「大人女子」という言葉を使うことも少なくなっている。小泉今日子によって「大人女子」像が具現化され、従来の「オトナ・オンナライフ」に代わる「大人女子」という生き方がある程度定着したから、もう積極的に使う必要がなくなったからだと考えられる。もう一つは、「大人女子」という言葉がすっかり手垢に塗《まみ》れてしまったためだ。ブームを経て、ドラマのタイトルにまで使用されるほど一般化した結果、「大人女子」に本来込められていた、「既成概念にとらわれず、好きな服を着て、好きなように生きる」という自由な精神が、以前のようにストレートに伝わらなくなったためだろう。いつまでも若さに固執している大人の女性として受け止められるきらいもある。

だが、宝島社の雑誌において、「女子」精神は健在だ。とりわけ、30代女子、40代女子に変わって台頭してきたのが50代女子、そして60代女子である。２０１９年に創刊された60代女性のためのファッション誌『素敵なあの人』がその新たな舞台となっている。60代女性は今までファッション誌のターゲットからは完全に外れていた。60代ともなれば関心事は健康と終活。おしゃれなど入る余地がないとされていたのだ。しかし、今どきの60代は『アンアン』『ノンノ』や『ＪＪ』といったファッション誌を読んで育ち、生きてきた世代である。それまでの世代とは異なり、60代になっても、流行に敏感でおしゃれへの関心が高い。

「60代から、もう一度おしゃれを楽しもう！」（２０１９年11月号・創刊号）、「60代からだって変われます！」（２０２３年4月号）——表紙には、ポジティブなメッセージとともに「暑さが苦手な60代女子に贈る！」（２０２３年8月号）と「60代女子」の文字も見える。

「60代から」と連呼されているのは、「30代女子」「40代女子」とは異なり、この年代の女性たちは、ようやく「素敵な奥さん」ではなく、「素敵なあの人」として、自由におしゃれを楽しめるようになったからだろう。誌面には、グレイヘアで鮮やかな色の服を着こなす読者モデルたちが多数登場している。雑誌だけでなく、近年のグレイヘアブームや60代、70代のインスタグラマーらの活躍からは、マーケティング戦略を超え、「好きに生きてこそ、一生女子！」を体現する「60代女子」の前向きに生きる姿勢が見て取れる。

　また、宝島社が朝日新聞とタッグを組んで行っている「エイジンググレイスフリー」プロジェクトもその一環であろう。第1章でも述べたように、ここでは小泉今日子がアンバサダーとなり、女性が年齢を重ねることにポジティブな意味を付与し、既成概念にとらわれず、より自由に生き続けることを提唱している。新たなマーケットの活性化という側面はあるにせよ、これらは、「女子」を一過性のブームで終わらせたくない、一つのムーブメントにつなげていきたい、年齢を重ねた女性に対する世間の眼差しを変えたいという動きだろう。

たとえ「女子」という言葉は廃れたとしても、好きなように生きるという「女子」精神は女性たちの中に生き続けている。「ガール」同様、もともと賞味期限付の概念であった「女子」という言葉を読み替えることによって、30代から60代を超える幅広い年代の女性たちが好きなように生き、可能性を広げることになったという点において、やはり「大人女子」は評価すべきなのではないだろうか。

# 第5章
# よりよく生きよ
## ――小泉今日子の現在地

# 「ホントの」コイズミさん

　２０２２年、小泉今日子はデビュー40周年を迎えた。31年ぶりに全国12箇所を回り、ホールツアー〝ＫＫＰＰ〟（Kyoko Koizumi Pop Party）を敢行した。デビュー記念日の3月21日に実施された東京・中野サンプラザでのライブの様子は、ＷＯＷＯＷで配信され、Blu-ray &ＤＶＤにも収録されている。

　１９８２年から２０２２年まで40年分のヒット曲を歌うツアーを行うにあたり、小泉は「16歳だったデビュー当時の自分が望んだ未来に今立っているのか、『答えを探しに旅に出る』」と意気込みを語っている（ＷＯＷＯＷリリース「デビュー40周年！小泉今日子特集」）。40年前、16歳の小泉今日子が望んだのはどんな未来だったのか。デビュー曲「私の16才」から「渚のはいから人魚」「なんてったってアイドル」を経て「怪盗ルビイ」「学園天国」「あなたに会えてよかった」に至るまで——大ヒット曲を中心に来し方を振り返りつつ、見据えた行く末にはどんな景色が見えたのだろうか。

小泉今日子の現在地を見ていくことで、その「答え」を探ってみたい。

本格的に音楽活動を再開させた２０２２年は、デビュー40周年ということもあり、ＮＨＫで3月に「MUSIC SPECIAL 小泉今日子」という特番が放送された（２０２２年3月10日放送）。スタジオライブに加えて、本人へのインタビュー、黒柳徹子はじめ、本木雅弘、ＹＯＵが小泉今日子を語るなど、多方面から小泉今日子の魅力を浮き彫りにした番組は好評を博し、後日ＢＳで拡大版が放送された。

しかし、これはアニバーサリーイヤーならではの例外であって、小泉今日子を近頃テレビで見かけることはあまりない。基本的にテレビ以外のメディアに軸足を移しているからだ。

２０１８年に大手芸能事務所から独立したこと、加えて「株式会社明後日」を立ち上げてからは自らが表舞台に出るだけではなく、プロデューサーとしての仕事も増えたためだろうが、根底にはテレビというメディアそのものへの懐疑的な思いもあるのではないだろうか。もっとダイレクトに自らの想いを伝えたい、言葉や作品を通してまっすぐに伝えたい、たとえ、今までの小泉今日子というイメージにそぐわないものであったとしても。それにはテレビというメディアは不向きである。

社会問題や政治に関して発言することが増えたのも関係しているだろう。世の中の理不尽な事柄に関して、小泉今日子は常に声を上げる姿勢を貫いている。

旧ジャニーズ問題についても、多くの芸能人が触れたがらないなか、小泉はＪ－ＷＡＶＥのラジオ番組で積極的に発言した。

> 今、日本のテレビとか特にそうで、ジャニーズ問題でも言われ始めているけど、メディアが、出る側に〝忖度〟してくっついちゃって報道してこなかったこともあって、今一番悪い膿みたいなのが出始めちゃってる。
>
> （Ｊ－ＷＡＶＥ『TOKYO M.A.A.D SPIN』２０２３年９月23日放送）

特にテレビについては、その内容に関しても、「何か雑って感じ。今作られているコンテンツが雑だなあって。習慣でみんな〔テレビを〕つけてるだけだからねって言いたい感じはある」（同番組）と述べている。

また、雑誌の対談記事（『文藝春秋』２０２４年２月号）で「バラエティには絶対出たくない。

くだらないから。」という趣旨の発言をしたことがネットメディアに取り上げられ、物議を醸すこともあった。

　このように既成メディアの問題点を指摘する小泉今日子が、近年積極的に関わっているのがＳＮＳのＸ（旧Twitter）と音声メディアのポッドキャストである。

　Ｘに関しては、株式会社明後日を立ち上げた２０１５年からアカウントを開設し、会社代表を務める自らが呟いている。舞台やライブ、メディア出演情報のお知らせに加えて、とりわけコロナ禍以降は、意識的に社会のさまざまな問題や政治についても忌憚のない意見を述べるようになった。

> 　発言をしようと思った日のことは覚えています。コロナでステイホームが広がった時に、楽観的な私でも不安な気持ちになったし、世の中の人も大変だったでしょう。それが気になってＳＮＳを見ていたら、みんな精神的に限界がきそうだと感じたの。誰かが先に怒らないといけないなら、「私がそこに行こう」と思った。
>
> （『週刊文春ＷＯＭＡＮ』vol.20 創刊５周年記念号２０２４）

Ｘが社会問題や政治、文化に対する小泉のオフィシャルな意見表明の場になっているとすれば、よりカルチャーに特化し、趣味も含めたプライベートな「素」の自分を見せる場として機能しているのが、ポッドキャストである。コロナ禍においても継続的に更新されてきたSpotifyのポッドキャスト番組は、現在の小泉今日子の活動を語るうえで欠かせないものとなっている。

２０２１年8月からスタートした親友ＹＯＵとの番組「小泉今日子とＹＯＵのK-POP PARTY」は、２０２３年4月まで計22のエピソードが配信された。二人が大好きなＢＴＳを中心としたＫ－ＰＯＰの紹介から韓国ドラマ、映画と話題は多岐にわたっている。小泉とＹＯＵのトークは、いい意味でゆるく、「番組」というよりも仲の良い友人の近況報告を聞いているような雰囲気であり、かつて『InRed』で連載されていた「小泉今日子の半径１００ｍ」を彷彿とさせる。

また、もう一つの柱である「ホントのコイズミさん」は、２０２１年4月5日から２０２３年9月18日までの約2年半にわたって、毎週月曜日に配信された。こちらは、小泉今日子が毎回、本や本に関わる人たちと語らいながら、新たな扉を開くヒントになる言葉を探していく番組である。

本を開けば、新しい世界への扉が開く。小泉今日子さんの傍らにはいつでも本がありました。
自ら「本」と「本に関わる人たち」に会いに行き、語らい、紡いでいく……。自分という旅路を歩む者たちの止まり木的存在が、ポッドキャスト番組「ホントのコイズミさん」です。

（「ホントのコイズミさん」HP：https://hontonokoizumisan.303books.jp/）

内容的には、長年手掛けてきた書評のポッドキャスト版といったところだろうか。記念すべき第1回のゲストはCOW BOOK店主でエッセイストの松浦弥太郎であった。以来、2年半の間に作家を中心に75名のゲストを招き、22の書店を訪ねた。そのコンテンツはすでに3冊の本『ホントのコイズミさん YOUTH』（2022）、『ホントのコイズミさん WANDERNIG』（2023）、『ホントのコイズミさん NARRATIVE』（2024）として出版されている。

まさに小泉今日子にとってライフワークとも言える「本とのコイズミさん」であり、「本」と「本に関わる人たち」に会いに行き、語らい、紡いでいくことで、小泉今日子が「本当のコイズミさん」になっていく様子が見て取れる。

### 本との出会いが

新しい扉をひらき
まだ見ぬ世界へといざなってくれた

日々の生活の小さな哲学
世界とのコミュニケーション
そして
ほんとうの自分

かけてほしい言葉ばかりではない
それでも
この手の中にあるのは
私のためだけの言葉

私のページをめくるのは
私だ。

（『ホントのコイズミさん YOUTH』巻頭）

番組は１２０回目の「ラスト！新たな旅の始まり！」で一旦終了したが、おそらく小泉今日子は、これからも本にまつわる活動を継続するだろう。30代の、読書委員を務めていた時代から数えても、すでに20年以上の時を本とともに生きてきたのだ。

「旅に出るときに欠かせない持ち物」として「本」を挙げ、「もしもお店を開くことになったら何屋さんをやりたいですか」という質問に「本屋さん」と即答する小泉今日子（『別冊太陽　小泉今日子』65）。もはや本なくしては、本当のコイズミさんになれないのは明白である。ここ数年の小泉今日子の活動において、「ホントのコイズミさん」がいかに主軸を成していたかということがわかるだろう。

　そんな重要なポッドキャスト番組のゲストには、江國香織や川上未映子といった女性作家も多く登場しているが、中でも２０２３年5月に満を持して小泉がゲストに招いたのが、小説『ピエタ』の著者である大島真寿美だった。小泉がプロデュースを行い、出演する舞台版『ピエタ』の開幕を控え、二人の「作者」の対談が実現したのだ。

　18世紀のイタリア・ヴェネツィアを舞台にした小説『ピエタ』は、東日本大震災が起こった２０１１年に発表され、翌年の本屋大賞3位にも選ばれた。「四季」で有名な作曲家ヴィヴァルディが指導するピエタ慈善院の女性たちの交流と絆を描いた作品に、小泉は大変感銘を受けたらしく、当時連載していた読売新聞の書評でも取り上げている。

物語の中心にヴィヴァルディは存在しているが、これは女たちの物語だ。立場や生き方がまるっきり違う、本来なら出会うはずのない女たちが出会った瞬間、それぞれの愛や孤独や思い出がきれいな音楽のように共鳴し合う。人生には光も影もあり、それも運命と受け入れて静かに微笑む彼女たちの美しさに泣きたくなった。優しくて凄みある、あんないい女に私はなれているだろうか？

（『小泉今日子書評集』163）

この書評を書いてから12年後、コロナ禍の終焉とともに、小泉今日子は自らのプロデュースによる念願の舞台版『ピエタ』をようやく実現させる。なぜ、小泉は『ピエタ』を舞台化しようと思い立ったのか。舞台制作を中心とする株式会社明後日を立ち上げたのは『ピエタ』の舞台化のためというほど、『ピエタ』に入れ込んだのはなぜなのか。『ピエタ』の何が小泉をそこまで惹きつけたのだろうか。

## 舞台『ピエタ』と小泉今日子——むすめたち、よりよく生きよ

小説『ピエタ』と出会い書評を書いた時から、小泉今日子はすでに舞台化を念頭に置い

ていたという。

舞台設定は18世紀のヴェネツィアという壮大さながら、物語がささやかなテーマに向かっていくというのもすごく素敵で。このお話を立体的に見せられたらいいなと思いました。日本で映像化するのは難しくても、舞台なら大島さんの静謐な文体の感じも残しながら作れるかもしれない。実は会社を作る際に舞台制作ができる子をスカウトしたのですが、実際に動き出す何年も前に、彼女に「いつかこれを舞台化したいと思ってて」って文庫本を渡していたぐらい

（『ＧＩＮＺＡ』２０２３年８月号）

とはいえ、２０１５年に株式会社明後日を立ち上げてから、実際に舞台化を実現するまでには長い時を要した。もともと脚本を頼んでいた人物の死という不測の事態を経て、演劇ユニット「ブス会＊」を主宰するペヤンヌマキに出会う。

普段書かれるものは現代の女性たちの話ですし、俗っぽさもありますが、その時の舞台の根本的なテーマだったり、女性が成長していく中で過去の自分と語り合うようなシーンだったりに、『ピエタ』と近いものを感じて。実際に創作を進めてみると、世

の中に対する視点が私と近く、「ここはもう少し女性にクローズアップしたシーンにしたらどうだろう」って言うだけで話が進む。あれこれ説明しなくても行きたいところに一緒に行けている感じは、すごくうれしいですよね（『ＧＩＮＺＡ』２０２３年8月号）

脚本・演出を手掛けることになるペヤンヌマキという才能ある知己を得て、２０１９年に舞台版『ピエタ』は現実のものとなっていく。しかし、２０２０年に上演する予定が新型コロナウイルス感染症の蔓延により、公演は中止に追い込まれてしまう。代わりに小泉を含む主要キャストの3名による朗読劇が行われたが、それはあくまでも苦肉の策だった。それから3年。コロナ禍を経て、２０２３年の7月に完全な形で、念願の舞台化が実現した。東京・下北沢の本多劇場を中心に、３箇所の地方公演も含む『ピエタ』の夏がようやく始まったのである。初日の幕が開いたのは、奇しくも物語の始まりと同じく、ヴィヴァルディの亡くなった日であった。

小泉今日子に「もうこれは、ヴィヴァルディ先生がすべてを選んでいるような気がしてきていて。舞台が２０２３年になったのも、このキャスティングもこのスタッフも、運命っていう気がしてならないです。」（舞台『ピエタ』パンフレット）と言わしめた舞台版『ピエタ』はいったいどんな作品に仕上がったのか。

7月28日、実際に本多劇場で小泉今日子プロデュースによる舞台『ピエタ』を観る機会を得た。本多劇場は、演劇の殿堂として下北沢のシンボル的な存在である。収容人数は、約400名とそれほど広くないが、この日はぎっしりと観客で埋め尽くされていた。小泉今日子と同世代、40代、50代の女性が多いのかと思いきや、まさに老若男女という言葉に相応しい幅広い年齢層、客層であった。開演前には、小泉今日子自身の声で場内アナウンスが流れた。小泉今日子は、プロデューサーであり、キャストであり、スタッフなのだ。

ヴィヴァルディの音楽とともに舞台の幕が開く。今回の舞台版『ピエタ』は音楽がとても重要な役割を担っている。音楽監督にヴァイオリニストの向島ゆり子を迎え、主要なキャストでヴァイオリンの名手という設定のアンナ・マリーア役も、ヴァイオリニストの会田桃子が務めている。さらにジロー嬢役の橋本朗子も声楽を披露するなど、生演奏と歌唱による音楽が、この劇の通奏低音を成しているのだ。

18世紀、爛熟期の水の都ヴェネツィア。物語は作曲家ヴィヴァルディの死から始まる。ヴィヴァルディは孤児を養育するピエタ慈善院で「合奏・合唱の娘たち」を指導していた。かつての教え子エミーリアのもとに、届いた恩師の訃報。一枚の楽譜の謎に、教え子を始めとするヴィヴァルディ縁《ゆかり》の女性たちが導かれていく。ピエタで育ちピエタで働くエミーリアとアンナ・マリーア、貴族の娘ヴェロニカ、高級娼婦のクラウディア……運命に翻弄されながらも自らの足で立ち、幸せを探し続ける女性たち。身分や立場を超えた彼女たちの交流と絆が描かれる。

舞台には演奏者も含めて10名の女性たちが登場する。というよりも、女性たちしか登場しない。ヴィヴァルディ先生をはじめ、数名の男性が物語に関わっているのだが、いずれも名前や声だけで舞台には一切現われない。そのため、終始一貫して女性たちの女性たちによる女性たちの舞台という雰囲気が漂っている。

物語を前へとすすめる主要なキャスト、ピエタ育ちのエミーリアを小泉今日子は演じている。「私は今回、いろいろあってエミーリアの役に辿り着いていて。エミーリアは、物語を運んでいく役割ではあるけど、わりと受動的な人。そういう役って普段はあんまりいただけないいんですよね。」（舞台『ピエタ』パンフレット）。思慮深く静謐でありながら、その奥には情熱を秘めている――自分のイメージとはかけ離れた役を敢えて選んだのは、プロデューサーとしての視点ゆえだろうか。

ストーリーはあくまでも小説に忠実であり、台詞も大幅な変更はないが、独自の切り口によって編集され、演劇版はそのエッセンスが凝縮されている。

小説の物語自体がものすごく美しく作り上げられているから、私たちはこれを演劇にするときに何を伝えたいかっていうテーマを決めて、本の中からいくつかピックアップしていきました。「これは言いたいよね」「今、２０２３年のお客さんが聞いたら、これは伝わるよね」って話し合いながら。

（舞台『ピエタ』パンフレット）

『ピエタ』という演劇を通して最も言いたかったこと、伝えたかったこととは何か。それは、たった一つの台詞に集約されるだろう。

プロデューサー小泉今日子が
渾身の力で取り組んだ舞台『ピエタ』
（パンフレット　株式会社明後日　２０２３年）

一番大きなテーマとしては、もうこれは揺るぎなく「むすめたち、よりよく生きよ」っていうメッセージを伝えるというのがあって。

（舞台『ピエタ』パンフレット）

これは、行方不明になった楽譜の裏に書かれていた言葉の一節である。少女の頃、貴族の娘であるヴェロニカが、ヴァイオリンの稽古をするエミーリアたちを見ながら書いた詩とも言えないような言葉の羅列をヴィヴァルディ先生が歌に仕立て上げたのだ。

うつくしいヴァイオリン。
たくさんかなでるヴァイオリン。
うつくしい音。
そして、
うつくしいむすめたち。
空は遥か。
光は遥か。
むすめたち、よりよく生きよ。

むすめたち、よりよく生きよ。
よりよく生きよ。
よりよく生きよ。

（大島2014：370）

小説でも「むすめたち、よりよく生きよ」というフレーズは終盤に印象的なかたちで畳みかけられ、最後にも繰り返される。「むすめたち、よりよく生きよ」が『ピエタ』の主題であるのは明かだ。

「むすめたち」とは、直接的にはエミーリアやアンナ・マリーナらピエタの「合奏・合唱の娘たち」を指すが、この詩を書いたヴェロニカが言うように、それはヴェロニカ自身のことでもある。

わたしも、その一人でありたかった。むすめたちよ、と書いたけど、あれは、わたしのことでもありました。そうだった、わたしは、そう思っていたのです。ずっと忘れていたけれど、わたしは、あの時、そう思っていたのです。よりよく生きよ。よりよく生きよ。わたしはわたしにそう言い聞かせていた。わたしはそのためにここに生まれて来たのだと、あの時わたしは、思っていたのです。

（大島2014：368）

おそらく、この小説を読んだ女性たちの多くが「むすめたち」に自分を重ねるのではないだろうか。そして小泉今日子もまた「むすめたち」はわたしのことだと思った一人ではなかったか。だからこそ、小泉は「むすめたち」の一人として、この作品を舞台化しようと思い立ったのではないか。「むすめたち、よりよく生きよ」というメッセージをより多くの人々に伝えなければという使命を感じたのではないだろうか。

よって、舞台版『ピエタ』も「むすめたち、よりよく生きよ」という台詞で幕を閉じる。ただ小説と異なるのは、作品に出演した10名の女性たちが声を合わせて「むすめたち、よりよく生きよ。よりよく生きよ。」と客席に向かって繰り返し呼びかけることだ。これは舞台ならではの演出であり、小説にはない臨場感と迫力を持って言葉が伝わってくる。10人の女性たちの声は、彼女たちの連帯感をいっそう強める。それを受け止めた観客からは割れんばかりの拍手が鳴り止まなかった。「むすめたち」の一人として、思わず涙が溢れる。そんな舞台だった。

「むすめたち、よりよく生きよ」――女たちの連帯の物語である『ピエタ』を通して、小泉今日子が伝えたかったことは次の二つに集約されるだろう。一つは、女たちの絆、すなわちシスターフッドである。キャストを女性だけに絞ったのも、最後に女性たちだけで「むすめたち、よりよく生きよ」という台詞を繰り返し伝えるのも、シスターフッドを強調するためであろう。実際、小泉今日子は、舞台『ピエタ』に関するインタビューの中で、何度もシスターフッドという言葉を口にしている。

ヴィヴァルディが亡くなった後、ある女性がかつて書いた〝失われた詩〟をめぐり、さまざまな立場の女性たちが出会っていく物語ですが、最後に彼女たちが連帯してひとつのことを成し遂げていく…シスターフッド的な動きをしていくんです。

（『ＧＩＮＺＡ』２０２３年８月号）

小説には、エミーリアとヴェロニカ、クラウディアという立場の違う３人が語り合うシーンがあるのだが、舞台でもシスターフッドの象徴する場面として印象的に描かれていた。そしてもう一つ、小泉が『ピエタ』を通して伝えたかったことは、「むすめたち、よりよく生きよ」というメッセージそのもの、すなわち自分を含む「むすめたち」への励ましであり、女性たちへのエンパワメントであろう。

自分自身が、よりよく生きられるように。我慢せずに、犠牲にならずに、積極的に、自由に生きられるように。そして、自分だけでなく後に続く女性たちがよりよく生きられるように。

子どもの頃は、まだまだ女性が外で働く環境が整ってない時代ではあって。あの頃に頑張って戦ってくれた先輩たちがいたことで、世の中が変わってきたんだという事実に大人になってちゃんと気づくわけです。牛歩ではあるけれど、少しずつ時代は前に進んでいるのは、そういう先輩たちがいたからこそ。それを考えると、今の自分が世の中だったり、未来に対してできることがあるならば、やっていきたい。

（『ＧＩＮＺＡ』２０２３年８月号）

女性たちが少しずつでもよりよく、より積極的に、より自由に生きられるように。そんな世の中の実現を願って。それが、『ピエタ』の舞台化というかたちで、シスターフッドとエンパワメントを伝えることにつながったのだろう。自ら先輩たちに勇気づけられたように、今度は後輩たちを勇気づけ励ましたい。そんな小泉今日子の想いが「むすめたち、よりよく生きよ」に集約されている舞台であった。

## 小泉今日子とよりよく生きる自由

50歳を過ぎ、シスターフッドとエンパワメントというきわめてフェミニズム的なメッセージにたどり着いた小泉今日子だが、いったいいつ頃からフェミニズム的なものを意識するようになったのだろうか。

アイドル時代から従来のアイドル像にとらわれず、カリアゲショートや個性的なファッションに身を包み、ものを言う・主張するアイドルとして「理想の彼女」から自由になった小泉今日子だが、当時からフェミニズム的なものは意識していたのだろうか。「アイドルらしさ」だけでなく、「女らしさ」からも確信犯的に逃れようと思っていたのだろうか。


シンディ・ローパーは「Girls Just Want To Have Fun」のPVを見て大好きになりました。

シスターフッド的なメッセージに胸がスカッとしたのかも。

ファッションも自由で誰にも媚びていなくて大好きだった。

（『ホントのコイズミさん YOUTH』42）

小泉は、10代の頃に憧れた女性として、自由で媚びない女たち、シンディ・ローパーとデボラ・ハリーを挙げている。特に、シンディ・ローパーについては、ファッションはもちろんシスターフッド的なメッセージに共鳴していたようだ。当時は、それがシスターフッドだという自覚はなかったとしても、女性たちの連帯というテーマは三姉妹の末っ子として女性に囲まれて育った小泉には、親しみやすいものだったのだろう。

より自覚的に、フェミニズム的なものを意識したのは、東大・駒場祭のミスコンテストにゲストとして出演した16歳の時である。「女性差別」を訴えミスコンに反対する人々を目の当たりにして、小泉今日子は驚きとともに今までにない違和感を覚えたらしい。「なんだか、これはとても重要なことが起こっているぞ」と感じながらステージを務めたという（『週刊文春ＷＯＭＡＮ』vol.20 創刊5周年記念号２０２４）。それが、フェミニズム的なものに立ち会った最初の出来事である。

80年代前半、当時はまだフェミニズムという言葉も浸透していない、男女雇用機会均等法以前の時代である。そんな昭和末期、アイドル全盛期の「花の82年組」としてデビューしたばかりの16歳の小泉今日子が、すでにミスコンに違和感を覚えていたとは、意外に思うかもしれない。

しかし、これが小泉今日子の原点なのだ。この「違和感」が結果的にキョンキョンの原動力となり、シンディ・ローパーへの憧れへと、「理想の彼女」からの自由へと結びついたのだから。聖子ちゃんカットからカリアゲショートにし、自分の好きな衣装を身につける。あらゆるジャンルの曲を歌い、さまざまな役を演じ、表現者として新しい領域に挑戦し続ける。エッセイを通して自らの意見を率直に発信する。それは従来のアイドル像からの逃走であり闘争でもあったのだろう。

アイドル像からの自由を求めていた10代から20代にかけての小泉今日子は、それがフェミニズムであるという自覚はなくても、なんとなくフェミニズム的なものに惹かれ、共鳴していた。だからこそ、従来のアイドルらしさ、従来の女らしさ、そういったものに対して軽やかに否を突き付けていたのだ。それが結果的に型破りなアイドル、他の誰にも似ていない小泉今日子という評価につながっていったのである。

表現者としては、今までの「理想の彼女」的なアイドル像を壊し、自由になることに成功した小泉今日子だったが、プライベートな面においてもそうであったとは言いがたい。10代、20代の小泉今日子は、「なんてったってアイドル」「キョンキョン」として疾走し、新しい時代のオンナノコ像を見せつけていたものの、それはあくまでも表現者としてのイメージ上の姿であり、その実生活や生き方においてはまだ育ってきた昭和的な価値観を引きずっていたようだ。

**小泉**　そう、意外と古風でね。でもたぶん、私たちの世代って、まだそこに囚われてたんだよ。「女は結婚して一人前」みたいな価値観を植えつけられて育ったから。

（『小泉放談』245）

「キョンキョン」であっても、何もかも自由奔放に、というわけにはいかなかったのだ。20代の頃の揺れ動く心情は、当時連載していたエッセイ「パンダのan・an」にも吐露されているが、30代を迎える直前に結婚したこともその一つの表われだろう。1990年代半ば、女性は30歳までに結婚しなければ、というムードが世間には漂っていた。それだけではない。結婚したら、仕事は辞めるべきという考えもまだ健在だった。「理想の彼女」から自由になった小泉今日子ですら、「理想の妻」からは簡単に逃れられなかったようなのだ。

結婚を機に「仕事を辞めた方がいいのかな」と思い、夫に相談したところ、「辞めない方がいい。絶対後悔する」と言われ、継続することになったと小泉は語っている。「辞める」という覚悟もなく、続けるという強い意志もなかった。「仕事をやめる」と言ってはみるものの、反対されると「じゃあ、やめなくていいか」と、自信がなくなるところがあった。それは、「こういう人生が正解なんだろうな」と世間の常識に乗っかっていただけで、自分の中に確固たるものがなかったからなんですよね。

（『週刊文春ＷＯＭＡＮ』vol.20創刊5周年記念号２０２４）

一人の女性としては、まだまだ保守的な生き方、家父長主義的なものに染まっていたと当時を振り返っている。

10代の頃からフェミニズム的なものに関心を持ち、シスターフッドに共鳴していた小泉今日子も、実生活では揺れ動きながら、手探り状態で歩んでいたことがわかるエピソードである。そういったこともあり、20代の頃は今に比べると楽しくなかったという。

実体験として、20代のときが苦しかったんですよね。比べて30代は楽しかったし、40代になったらもっと楽しくて、50代になった今も楽しさが増している感じです。たぶんそれって、年を重ねるごとに、頭で考えていることと行動や言葉が、どんどん仲

> 良くなってくるから。思ったことがすぐ行動に移せたり、考えを言語化するときに昔よりも自由になっている気がする。
>
> (『ＧＩＮＺＡ』２０２３年８月号)

年齢を重ねるにつれ楽しくなった理由として小泉が挙げているのが、「考えを言語化するときに昔よりも自由に」なったことである。そこには、20代から長年エッセイを書き続けたことと、30代になって書評を書くようになったことが影響しているだろう。特に、読売新聞の読書委員になってからは、読む本の幅も広がり、自分では手にとらなかったようなジャンルの本も読み、書評を書くようになった。『ピエタ』との出会いもその一つである。

また、女性の生き方やフェミニズムに関連する本も積極的に読み、考えを深めるようになった。そのことで、今までなんとなく感じていた違和感やもどかしい想いが言語化されるようになり、結果的に20代の頃より、よりよく生きられるようになったのではないだろうか。

30代、40代を通して、「大人女子」の旗手としてファッション誌で新しい女性像を具現化する一方で、フェミニズムの影響を受けた小泉今日子がエッセイや書評を通してその想いを発信するようになったということは重要である。つまり、今まであまり指摘されたことはないが、小泉今日子という存在を通して「大人女子」はフェミニズムと確実につながっていったのである。

上野千鶴子と湯山玲子の対談集『快楽上等！』の書評を書いたのは２０１３年、まもなく小泉が47歳になる時だった。

> 上野千鶴子さん一九四八年生まれの社会学者。湯山玲子さん一九六〇年生まれの著述家。ひと回り年齢の離れた女二人の対話は三・一一から始まり、恋愛、結婚、快楽、加齢など私にとって興味津々の議題ばかり。それらの議題について思った以上に赤裸々に語り合う頼もしい先輩方。二人の会話に参加している気分で、そういう事だったのかと何度も頷き、何度も痛い所を突かれ、最終的には頭の中がスカッとした。
>
> （『小泉今日子書評集』１９８−１９９）

上野千鶴子とは、後に『ＧＬＯＷ』の連載「小泉放談」でも対談している。（２０１６年9月号）人生の先輩たちに話を聞き、50歳以降の生き方のヒントを示し、読者をナビゲートするのが「小泉放談」の目的である。フェミニズムの旗手として生きてきた先輩に、開口一番小泉は言う。

この連載を始めた頃、フェミニズムに対するイメージが若い頃と変わってきたというお話をしたことがあったんです（中略）。昔はともかく、今なら自分もフェミニストだと言えるんじゃないかって。（『小泉放談』１４１）

「フェミニストであるということに対して、ためらう気持ちがおありだったのね。」と応じる上野に対し、小泉は答える。

でも、自分も社会に出て生きていく中で、自分が感じることと、フェミニストの方が考えることが、ちょっとずつ合ってきたという感覚がありました。そういう方たちの活動で、私たちの世代は今、仕事がしやすくなっているのかと。（『小泉放談』１４１）

つまり、フェミニストたちのお陰で自分たちの世代はよりよく生きられるようになっていると言うのだ。そういう実感があるからこそ、50代を迎えた小泉今日子は、次世代への継承ということをしばしば口にするようになったのだろう。

自分自身が、第三波フェミニズムをはじめとする先輩たちに助けられたように後の世代につないでいきたい。その想いが、『GLOW』の連載をまとめた書籍『小泉放談』や舞台『ピエタ』につながったのである。「あとから来る人たちのために、ちょっとは道を開いておきたいな……と。」（『小泉放談』150）よりよく生きられるように。より自由に生きられるように。

　10代、20代の小泉今日子は、アイドルとして、「理想の彼女」からの自由を求めてきた。30代、40代の小泉今日子は、「大人女子」としてよりよく生きる自由を求めてきた。

　ここには二つの自由がある。すなわち、「何か」から解き放たれる自由と「何か」を志向し、実現する自由である。それは、エーリッヒ・フロムが『自由からの逃走』（1941）で分類したように、「～からの自由」と「～への自由」であると言うこともできるだろう。

　哲学者のアイザィア・バーリンは論文「二つの自由概念」（1958）において、それら二つの自由を消極的自由と積極的自由と解説した。飢餓や災害や暴力といった、場合によっては命の危険にさらされるような脅威から逃れる受動的・消極的な自由が「～からの自由・解放」であり、より高次な何かを実現するための主体的・積極的な自由が「～への自由・実現」であると定義づけたのである。

自らが行う選択を他人から妨げられない自由と自ら積極的に行動する自由。フロムやバーリンの自由論を踏まえて言うならば、10代、20代の小泉今日子は、アイドルという理想の彼女像から自由になるための、30代、40代の小泉今日子は従来の「大人の女性」に課せられていた良妻賢母規範や家父長主義的な生き方から自由になるための道を模索してきた。そして、同時に新たな女性像、自由な女性の生き方を求めて、その実現のためにも挑戦し続けてきたのである。それはつまり、消極的自由から積極的自由へと、メディアを通して、結果的に女性たちを導いてきたのだと言えるのではないだろうか。『ピエタ』の「むすめたち、よりよく生きよ」というメッセージは、小泉流に言うならば「女性たち、より自由に生きよ」ではないだろうか。

　現在の活動を通して、小泉今日子は自分自身にも常に問いかけている。10代の、20代のあの頃よりもよりよく生きているだろうか。30代の、40代の自分よりも自由に生きているだろうかと。そして、未来の自分にエールを送っている。よりよく生きよ、より自由に生きよと。

　来たるべき60代に向かって小泉今日子は、「新しいシニアライフを自分の手で作っていきたい」（「ハルメク３６５」２０２３年9月29日）という。40代の頃から、「老化は進化。相変わらず早く大人になりたいって思ってるし、前に進めることがうれしい。」（『ＧＬＯＷ』２

013年12月号）と述べ、上野千鶴子との対談で「中年の星」になりたいと宣言した小泉今日子である。「エイジンググレイスフリープロジェクト」のアンバサダーとして、この先も人生を楽しむことが目標であり夢だという小泉が次に掲げるのが、老人のイメージや老いに対する価値観を変えることだ。

　むすめたち、よりよく生きよ。女性たち、より自由に生きよ。小泉今日子なら、シスターフッドとエンパワメントの力に満ちた、新しいシニア女性像を、今までにない「女子の老後」を描いてくれるに違いない。

# おわりに――リアルワールドで求める自由

小泉今日子と岡崎京子――二人のキョウコの作品や存在に影響を受けた女性たちは数知れないだろう。だが、「なぜキョンキョンをカッコいいと思うのか」と、「なぜ『ヘルタースケルター』のりりこに惹かれてしまうのか」を同時に考えることはあまりなかったのではないか。

なんてったってアイドルと稀代のマンガ家。ジャンルや表現形式は違えども、二人のキョウコは常に時代の空気を敏感にキャッチし、ファッション誌というメディアを味方につけ、それぞれの領域を超えて華々しく活躍してきた。それだけでない。これまでの章で述べてきたように、二人は既成概念を打破し、ブレイクスルーとなる生き方を示そうとしてきた。80年代から90年代という、まだまだ結婚が女の幸せとされた時代に、逆に言えば結婚しなければ幸せになれなかった時代に、結婚以外の生き方の可能性を示唆しつつ、良妻賢母規範や保守的な生き方に対するゆるやかな抵抗を行ってきたのだ。

本書では、二人のキョウコを線でつなぎ、80年代に岡崎京子が蒔いた「今のオトナのオンナ」の種を小泉今日子がゼロ年代に「大人女子」として開花させるまでの道筋を軸としながら、80年代から現在に至るまでの女性たちの生き方をたどってきた。結果的に、従来のアイドルや少女マンガという枠組みを解体した二人のキョウコが歩んだ道のりは、新たな「大人の女」モデルを求め、「別のあり方」オルタナティブな女性のライフコースを模索する試みでもあった。その意味では、「大人になりたくない女の子たちのあがき」も「二人の女の子の落ちかた」も「少女の心意気のまま現実を受け入れる覚悟」も「好きに生きてこそ、一生女子！」も「むすめたち、よりよく生きよ」もすべてつながっている。それらはみな、我慢せずに、犠牲にならずに、積極的に、自由に生きるにはどうすればいいのか、よりよく生きるにはどうすればいいのかということを模索した女性たちの、女性たちによる、女性たちのための実践であったのだ。

そんな二人のキョウコは、実は90年代の初めにコラボレーションしている。小泉今日子が「無責任編集」した写真集『裏小泉』（1992）に、岡崎京子がいくつか作品を寄せているのだ。その一つ、「湧き出る小さき泉のように」というアイドル・キョンキョン誕生までのストーリーを描いたショートマンガのラストシーンで、髪を切ったコイズミは言う。

あたしはアイドル
でもあたしはあたし
そうよ　すっげー　カンタンな事じゃん

（『裏小泉』47）

そう、小泉今日子は、アイドル時代から現在に至るまで、終始一貫して「あたしはあたし」という声を上げ続けてきた。自らも悩みもがきながら、「あたしの」進むべき道を探し続けてきた。40年以上にわたる小泉今日子の活動の軌跡を振り返れば、「後から来る人たちのために、ちょっとは道を開いておきたい」という小泉の願いは、ある程度実現したと言えるだろう。

確かに、80年代に比べると女性たちは「よりよく生きられる」ようになった。オトナのオンナのモデルは一つではなくなり、ある程度はライフコースを選択できるようになった。80年代の少女のように、結婚することや母になることがすべてではなくなった。少なくとも、別のあり方、オルタナティブな生き方も可能なのだと思えるようになったのではないだろうか。

ただ、２０２０年代半ばになってもまだ、千年以上前に生きた大河ドラマのヒロインの口を借りて、「わたしを生きてみせる」（『光る君へ』キービジュアル）と宣言したり、百年前に活躍した朝ドラのヒロインを通して「男か女かでふるいにかけられない社会になることを私は心から願います。」（『虎に翼』第30話）と言わねばならない時代である。ようやく「女だから」という理由であからさまに差別されることは少なくなったとはいえ、「女らしさ」をめぐる規範は現在でも深く根づいている。「結婚」しなければ生きていけないという女性の貧困問題も今なお存在している。何よりも代わり映えのしないジェンダーギャップ指数の低さがそれを裏づけている。

女性たちにとって、わたしを生きること——「自由に生きること、よりよく生きること」はまだまだ大きな課題としてのしかかっているのだ。

だからこそ、小泉今日子は今日も世の中に向かって声を上げる。「よりよく生きる」ために声を上げ続ける。自分自身が人生の先輩たちに助けられたように、後から来る人たちのために声を上げ続ける。

精神の自由を保ち、よりよく生きることを希求するために。新たなオトナ・オンナライフの最終章である、「新たな老人像」を描くために。

> 今の私にできるのはシニア世代に向けた何かかもしれない
>
> （『別冊太陽　小泉今日子』98）

それは、後から来る人たちのために新たな道を切り開くと同時に、老い、孤独、病、死、など、ネガティブな言葉で語られがちなこの世代のイメージを捉えなおす冒険的な試みにもなるに違いない。

だが、その舞台は残念ながら、もう雑誌ではないだろう。雑誌――とりわけ本書で取り上げたファッション誌は、SNSが台頭するまで40年以上にわたって、欲望を喚起するとともに女性たちの生き方に多大な影響を与えてきた。「私が私であるために」――ファッション誌は長年女性たちに寄り添い、時には慰め、時には叱咤激励してきた。女性たちを鼓舞しつつ、少し先の未来を照らし、新しい生き方を提唱してきた。それは、「今」のみを反映するSNSにはない特性である。

「今のオトナのオンナ」モデルとして花開いた「大人女子」はその最たるものだろう。ファッション誌のお陰で30代、40代女性は「自由に生きる」という可能性を手にしたと言っても過言ではない。しかし、そこで提唱される「自由」はバービーが「何にだってなれる！」と豪語するのとどこか重なりあっている。バービーやファッション誌にエンパワメントされた女性たちは確実に存在するだろうが、女性たちの意識と現実の社会には依然として隔たりがあるからだ。

実写映画版『バービー』では、人間として生きる選択をしたバービーが、トレードマークのハイヒールを捨て、ビルケンシュトックのフラットサンダルを履いてリアルワールドで生きる決意をする。

小泉今日子もまた、テレビや雑誌という表象の世界を出て、舞台やＳＮＳやポッドキャストという新たなフィールドで自分の声を直接人々に届けようとしている。

それは、リアルワールドでよりよく生きる自由を求める女性たちへの、小泉今日子による決意表明の姿なのではないだろうか。そして、新作は発表されずとも、復刊と映画化が続く岡崎京子の作品は、リアルワールドの女性たちに時代を超えて寄り添い続けるだろう。

２０２４年５月　米澤泉

# 主要参考文献

〈第1章〉
小泉今日子『小泉放談』宝島社文庫 ２０１７
助川幸逸郎『小泉今日子はなぜいつも旬なのか』朝日新書 ２０１５
野々村文宏・中森明夫・田口賢司『週刊本28 卒業 KYON$^2$に向って』朝日出版社 １９８５
小泉今日子『パンダのａｎ・ａｎ』マガジンハウス １９９７
小泉今日子『小泉今日子書評集』中央公論新社 ２０１５
小泉今日子『小泉今日子の半径１００ｍ』宝島社文庫 ２００７

〈第2章〉
杉本章吾『岡崎京子論』新曜社 ２０１２
岡崎京子『ぼくたちは何だかすべて忘れてしまうね』平凡社 ２００４
アエラムック『ニッポンのマンガ』朝日新聞出版 ２００６
岡崎京子『オカザキ・ジャーナル』平凡社 ２０１５
ヴァージニア・ウルフ（片山亜紀訳）『自分ひとりの部屋』平凡社ライブラリー ２０１５
田中康夫『なんとなく、クリスタル』河出書房新社 １９８１
ばるぼら『岡崎京子の研究』アスペクト ２０１２
岡崎京子『バージン』白夜書房 １９８５
岡崎京子『pink』（新装版）マガジンハウス ２０１０
椹木野衣『平坦な戦場で僕らが生き延びること 岡崎京子論』筑摩書房 ２０００

岡崎京子『東京ガールズブラボー 上』宝島社 2003
岡崎京子『東京ガールズブラボー 下』宝島社 2003
斎藤美奈子『挑発する少女小説』河出新書 2021
岡崎京子『くちびるから散弾銃』講談社 1989
岡崎京子『くちびるから散弾銃2』講談社 1990
岡崎京子『ぼくたちは何だかすべて忘れてしまうね』平凡社 2004
岡崎京子『戦場のガールズ・ライフ』平凡社 2015
岡崎京子「ウォーキン・オン・サンデー」『ボーイフレンドisベター』白泉社 1986
藤本由香里『私の居場所はどこにあるの？　少女マンガが映す心のかたち』朝日文庫 2008

〈第3章〉

アクロス編集室編『ストリートファッション1945～1995 若者スタイルの50年史』パルコ出版 1995
山﨑まどか『オリーブ少女ライフ』河出書房新社 2014
中森明夫『東京トンガリキッズ』JICC出版局 1987
酒井順子『オリーブの罠』講談社現代新書 2014
松谷創一郎『ギャルと不思議ちゃん論　女の子たちの三十年戦争』原書房 2012
戸川純「残酷と哀しみと、少女性ではなくガーリーと」『ユリイカ』2012年7月号
小泉今日子『パンダのan・an』マガジンハウス 1997

〈第4章〉

古賀令子『「かわいい」の帝国　モードとメディアと女の子たち』青土社 2009

安野モヨコ『美人画報』講談社文庫　２００４
米澤泉『「女子」の誕生』勁草書房　２０１４
酒井順子『負け犬の遠吠え』講談社　２００３
小泉今日子『小泉今日子の半径１００ｍ』宝島社文庫　２００７
蜷川実花『オラオラ女子論』祥伝社　２０１２
清水晶子『フェミニズムってなんですか？』文春新書　２０２２
長島有里枝『「僕ら」の「女の子写真」からわたしたちのガーリーフォトへ』大福書林　２０２０

〈第5章〉

小泉今日子『ホントのコイズミさんYOUTH』303BOOKS　２０２２
『別冊太陽　小泉今日子　そして、今日のわたし』平凡社　２０２３
小泉今日子『小泉今日子書評集』中央公論新社　２０１５
舞台『ピエタ』パンフレット　株式会社明後日　２０２３
大島真寿美『ピエタ』ポプラ文庫　２０１４
小泉今日子『小泉放談』宝島社文庫　２０１７

〈おわりに〉

『裏小泉』ワニブックス　１９９２
『別冊太陽　小泉今日子　そして、今日のわたし』平凡社　２０２３

本書は書き下ろしです。
JASRAC 出 2403871-401

ブックデザイン　鈴木成一デザイン室
DTP　美創

米澤 泉　よねざわ・いずみ

甲南女子大学人間科学部文化社会学科教授。1970年京都生まれ。大阪大学大学院言語文化研究科博士後期課程単位取得満期退学。専門は女子学（ファッション文化論、化粧文化論など）。世の中で「取るに足りない」と思われることから社会の本質を掬いとることを研究の目的とする。『「くらし」の時代』『「女子」の誕生』『コスメの時代』『私に萌える女たち』『おしゃれ嫌い』『筋肉女子』など著書多数。

# 小泉今日子と岡崎京子

2024年7月5日　第1刷発行

著者　米澤 泉

発行人　見城 徹

編集人　菊地朱雅子

編集者　竹村優子

発行所　株式会社 幻冬舎

〒151-0051 東京都渋谷区千駄ヶ谷4-9-7

電話 03(5411)6211〈編集〉

03(5411)6222〈営業〉

公式HP：https://www.gentosha.co.jp/

印刷・製本所　株式会社 光邦

検印廃止



ISBN978-4-344-04307-7 C0095

この本に関するご意見・ご感想は、下記アンケートフォームからお寄せください。 https://www.gentosha.co.jp/e/